Wertschöpfende und innovationsorientierte Unternehmensführung

Dirk Freund

Wertschöpfende und innovationsorientierte Unternehmensführung

Springer Gabler

Dirk Freund
Kelkheim
Deutschland

ISBN 978-3-642-39917-6   ISBN 978-3-642-39918-3 (eBook)
DOI 10.1007/978-3-642-39918-3

Die Deutsche Nationalbibliothek verzeichnet diese Publikation in der Deutschen Natio-
nalbibliografie; detaillierte bibliografische Daten sind im Internet über http://dnb.d-nb.de
abrufbar.

Springer Gabler
© Springer-Verlag Berlin Heidelberg 2013

Lektorat: Juliane Wagner, Eva-Maria Fürst

Gedruckt auf säurefreiem und chlorfrei gebleichtem Papier

Springer Gabler ist eine Marke von Springer DE. Springer DE ist Teil der Fachverlagsgruppe
Springer Science+Business Media
www.springer-gabler.de

Vorwort

„Warum eigentlich noch ein Buch über Innovation, Change Management und all die anderen Themen?" mag man sich angesichts dieser weiteren Publikation fragen. In der Tat, es gibt eine erschlagende Menge an Literatur. Alles scheint schon zu Genüge diskutiert und gesagt. Innovation gilt ohne Zweifel mindestens im wirtschaftlichen Umfeld als „Talk of the Town". Die publizierende Zunft hat die Zeichen der Zeit erkannt und sich des Themas voll angenommen. Kaum jemand, der ernsthaft anzweifeln würde, dass in der Fähigkeit zur Innovation der Schlüssel zum künftigen Erfolg von Unternehmen liegt. Aber kehren wir zur Ausgangsfrage zurück: warum also dieses weitere Buch?

Selbstverständlich hat man als Autor auch eine egoistische Motivation: Man will Gedanken, die einen schon lange beschäftigen, geordnet zu Papier bringen und mit einer Leserschaft teilen, von der man annimmt, dass sie ähnliche Interessen besitzt. In meinem Fall hat sich dieser „Zustand" nach knapp 18 Jahren in verantwortlichen Positionen des „R&D-Geschäfts" eingestellt. Viele der in den nachfolgenden Kapiteln niedergeschriebenen Perspektiven und Schlussfolgerungen haben sich zu einem nicht unerheblichen Teil während dieser Zeit geformt. Teilweise beinhalten sie auch Konzepte, die sich in der Praxis dieser Jahre bewährt haben. Kurzum: Die Zeit war reif für diesen Schritt, und das Ergebnis halten Sie in Ihren Händen.

Zu dieser, zugegebenermaßen, sehr selbstbezogenen Motivation gesellt sich aber noch mehr. Ja, Innovation, Change Management, Technologiemanagement und all die damit verbundenen Themen besitzen eine allgegenwärtige Präsenz, aber schauen wir uns einmal um: Wie viel schlecht entwickelte, wenig innovative Produkte befinden sich auf dem Markt? Machen Sie einen Selbstversuch und beobachten Sie sich und Ihr Umfeld beim Umgang mit Gegenständen des täglichen Lebens. Wie oft entsteht Frustration oder Verärgerung? Wie viele Geräte wandern etwa nach einer gewissen Zeit in die Schublade und werden fortan nicht mehr benutzt? Es dürfte, nicht anders als bei mir selbst, eine stattliche Anzahl zusammenkommen.

Gibt es nicht auch eine verblüffende Anzahl von gleichartigen, schwer unter-scheidbaren, damit also wenig originellen Produkten, und fokussiert sich deswegen produktbezogene Kommunikation mehr und mehr auf deren Preis? Kommodisie-rung lässt sich nur auf Basis von Innovation und Wertschöpfung für den Kunden verhindern. In diesem Licht erscheint es zusätzlich bedenklich, dass auch Unterneh-men (ähnlich wie ihre Erzeugnisse) in vielen Bereichen zunehmend vergleichbarer und gleichförmiger werden, also gerade nicht erreichen, was Innovation ermöglicht und letztlich auszeichnet, nämlich einen aus Sicht des jeweiligen Unternehmens individuell geprägten, gewissermaßen unverwechselbaren Ansatz. Irgendwie klafft zwischen Anspruch und Realität eine Lücke. Oder anders formuliert: Trotz al-ler Diskussion, einer Vielzahl von Literatur, Forschung und guten Erkenntnissen scheint der Weg zu einer Umsetzung in den Alltag von Kunden und Konsumenten blockiert. Man sollte sich hüten, dies den Kunden anzulasten, diese haben alles Recht der Welt, Produkte zu verlangen, bei deren Benutzung sie sich nicht ver-biegen oder umerziehen lassen müssen, zumindest nicht, solange sie dies nicht freiwillig wollen.

Man steht einer verblüffenden Diskrepanz gegenüber: Nie zuvor gab es ähnlich gut ausgebildete Mitarbeiter in Unternehmen, das Ausmaß des verfügbaren Wis-sens übersteigt jedes Fassungsvermögen, aber vom Ergebnis her bewertet, bleibt ein schaler Nachgeschmack und dies, obwohl sogar die Kunden progressiver und auf-geschlossener an Produkte herangehen als je zuvor. Es liegt der Schluss nahe, dass die Umsetzung dieser Fähigkeiten und des Wissens zu relevantem Kundennutzen oft (zu oft) ins Stocken gerät. Damit liegt der schwarze Peter bei den Unternehmen selbst, denn deren Hauptaufgabe und Daseinsgrund besteht gerade in dieser Trans-formation von Know-How in Kundennutzen. Sofern diese besser gelingt als der Konkurrenz, dient es dem Unternehmen, den Mitarbeitern (weil sich Erfolg ein-stellt) und zu guter Letzt auch den Kunden, die nunmehr ihre Bedürfnisse adressiert sehen und deren Leben sich dadurch ein wenig verbessert bzw. vereinfacht hat.

Gerade, wenn man aktiv im für Innovation verantwortlichen Umfeld arbeitet und im Laufe der Jahre über Änderungen im eigenen Unternehmen, durch Kontak-te im externen Netzwerk und nicht zuletzt durch die Erfahrung etlicher Projekte und Produkteinführungen Perspektiven aufbauen konnte, formt sich ein persönlicher Standpunkt. In der Tat, die größte Barriere zu erfolgreicher Innovation existiert in den Unternehmen und, durchaus bewusst deutlich formuliert, ganz speziell ihren Führungsebenen. Viel zu selten gelingt es, das immer größer werdende Wissens-potenzial der Mitarbeiter abzurufen und produktiv zum Einsatz zu bringen. Worin liegt dies begründet? Aus meiner Erfahrung gibt es eine Vielzahl von Ursachen, die sich hierzu aufführen lassen und auf die ich im Folgenden kurz eingehen möchte.

Innovation scheint im Rahmen der Ausbildung noch immer ein Schattendasein zu führen. Zumindest drängt sich diese Schlussfolgerung auf, wenn man Absolventen, auch von renommiertesten Adressen, im betrieblichen Alltag beobachtet. Ingenieure, Natur-, aber auch Wirtschaftswissenschaftler zeigen große Defizite in Fragen des Projekt-, Technologie oder Innovationsmanagements. Studiengänge mit Schwerpunkt Management oder Business Administration setzen erstaunlicherweise vergleichsweise wenig (und entsprechend zeitlich gering ausgeprägte) praktisch verwertbare Schwerpunkte auf Innovation und alle verwandten Gebiete. Sie neigen zudem dazu, die technische Komponente weitgehend unbeachtet zu lassen. Interdisziplinarität, und nichts anderes liegt Innovationsfähigkeit zugrunde, findet sich selten, und noch sporadischer fallen die Versuche aus, Studenten zu befähigen, in ihrem Umfeld bestehende Interdisziplinarität und Vielfältigkeit zu nutzen, um aus dem gezielten Verbinden verschiedener Perspektiven und Gestaltungelemente heraus innovativ zu arbeiten. Damit verschiebt sich der „Ausbildungsauftrag" in die Unternehmen, in denen sich grundsätzlich etliche Optionen zum „Learning by Doing" bieten. Dem weiterentwicklungswilligen Mitarbeiter öffnet sich in der Tat ein ausgeprägt interdisziplinäres Umfeld, allerdings auch nicht immer, wie man denken sollte, in einer wirklich offenen und flexiblen Form. Unternehmen, gerade in den vergangenen Jahren, heben zu Recht die Bedeutung einer Unternehmenskultur hervor, die auf Basis von gemeinsamen Werten Identität verleiht. Oftmals verwechseln sie jedoch pluralistische Identität mit Dogmatismus und überschreiten damit den kritischen Punkt, ab dem eine Kultur eher hemmend als fördernd wirkt. Natürlich gibt man sich nach außen progressiv und weltoffen, nimmt gerne neue Impulse und Moderichtungen auf, aber bewusst oder unbewusst formt man diese im Unternehmensumfeld so um, dass außer dem ursprünglichen Namen nicht mehr viel davon übrig bleibt. Nehmen wir als Beispiel den berechtigten Ruf nach Diversity (Vielfalt) und Inklusion (Einbeziehung und Würdigung dieser Vielfalt), Kernelemente von innovativen Organisationen, in der öffentlichen Diskussion gerne an der Rolle der Frauen in Unternehmen festgemacht.[1] Es mutet fast schon absurd an, wie viel Aufwand zur Rekrutierung von unterschiedlichsten Talenten betrieben wird, nur um gerade diese Pluralität dann im Lauf der Jahre in den Mühlen der Unternehmenskultur abzuschleifen und durch gleichförmige und austauschbare Verhaltensmuster zu ersetzen. Vielfalt degeneriert so zu dogmatisch geformter Beliebigkeit! Am Beispiel von Männern und Frauen könnte man den

---

[1] Diversity geht weit über geschlechterspezifische Aspekte hinaus. Um es aber zu betonen und nicht missverstanden zu werden: Der einfachste Weg, einen Schritt zur Vielfalt zu machen, besteht in einer angemessenen Nutzung des Potentials, das Frauen in die unglücklicherweise noch zu stark männlich dominierten Unternehmen einbringen könnten.

Eindruck erhalten, dass nach Durchlaufen der „Corporate-Mühle" Unterschiede soweit wegnivelliert werden, dass sie sich auf die biologische Ebene beschränken. Man schaue sich einmal um, wie sehr sich „Corporate Lingo" und Verhaltensweisen unreflektiert und charakterunabhängig in Unternehmen flächendeckend manifestieren. Nicht ohne Grund erhalten Mitarbeiter einer Fima oftmals die Bezeichnung einer eigenen Spezies („der/die ... ianer/ ... ianerin"), vielfach bezeichnenderweise sogar geschlechtsneutral!

Aus ähnlichen Gründen hat die häufig verbreitete und ausufernde Prozesskultur schlimme Auswirkungen auf das Innovationsvermögen von Organisationen. Natürlich benötigt jedes Unternehmen Prozesse, und selbstverständlich muss Effizienz- und Kostenoptimierung immer hohe Priorität erhalten. Wenn aber Unternehmen mit Prozessen überzogen werden, die versuchen jedes Detail zu regeln, nivelliert man die letzten verbliebenen Elemente von Vielfalt auch noch weg. Prozesse dienen nun einmal der Standardisierung und diese bildet per definitionem die Antithese zu Pluralität. Individuelle Arbeitsvorlieben fallen in einem derart geprägten Umfeld einem Regulierungseifer zum Opfer, der versucht, jede Form von Abweichung von der Norm zu eliminieren, und damit Schritt für Schritt den Innovationsmotor eines Unternehmens abwürgt. Um ein Beispiel aus der bildenden Kunst zu bemühen: Malen nach Zahlen hat noch nie ein inspirierendes Kunstwerk hervorgebracht, und die wahren Künstler zeichnen sich durch Regelbruch und Nonkonformismus aus. Ein wenig davon müsste wieder in den Unternehmensalltag, bewusst gefordert und gefördert, zurückkehren.

Interessanterweise halten sich die Verfechter einer Prozesskultur und des systemischen Gedankens an anderer Stelle oftmals auffallend zurück. Innovation (und damit der bereits zitierte Umsetzungsprozess von Know-How in Kundennutzen) läuft vielfach unstrukturiert ab, gleichsam geprägt vom antiquierten Glauben an den vielzitierten genialen Einfall eines Erfindertypus. Die heutige Zeit fordert aber eine Innovationsdynamik, die man in dieser Form nicht mehr erreichen kann. Es gibt ausreichend Belege, dass gut strukturierte Innovationsprozesse unter Einbeziehung aller Mitarbeiter in allen Belangen überlegen sind und nicht notwendigerweise Kreativität und Originalität unterdrücken müssen. Professionelles Innovationsmanagement ebnet den Weg, und wenn es einen Prozess gibt, auf den man nicht verzichten sollte, dann ist er hiermit benannt.

Erstaunlich auch die oftmals erbitterte, Züge eines Glaubenskrieges annehmende Diskussion um den richtigen Weg zu Innovation – eine weitere Manifestation von Unternehmensdogmatismus. Wenn man so will, stellt dies die Gretchenfrage, die jedes Unternehmen auf seine Weise beantwortet. Einmal fordert man „Consumer/Idea-led Innovation", ein anderes Unternehmen rühmt sich seiner „Holistic Innovation", und zumindest in den letzten Jahren wären sich beide einig gewesen, „Technology-led Innovation" vehement abzulehnen. Mich hat dies immer irritiert und in der oft inquisitorisch geführten Form der Diskussion abgestoßen. Innovation muss sich aus vielen Richtungen speisen, aber spielt es wirklich eine Rolle, wo sie ihren Ausgangspunkt nimmt? Natürlich nicht, der Weg sollte hier keinesfalls mit dem Ziel verwechselt werden. Auf welche Weise ein Unternehmen dies angeht bzw. angehen sollte, um seinem Auftrag nachzukommen und Know-How in Kundennutzen zu transformieren, interessiert nicht zuletzt den Kunden in keinster Weise. Im Gegenteil, wenn der Kunde wüsste, wie viel Zeit und damit Geld auf diese weitgehend akademische Diskussion verpulvert wird und sich konsequenterweise in den Produktkosten niederschlägt, würde er/sie vermutlich vor Zorn und Unverständnis rot anlaufen. Warum sich viele Unternehmen hier, zudem noch mit erhöhtem Frustrationspotenzial der Mitarbeiter, der Vielfalt der möglichen Ansatzpunkte für Innovation beschneiden und darüber noch lange dogmatische Diskurse führen, anstatt gerade über die Mitarbeiter und deren individuellen „Touch" eine ausgeprägte, breit getragene Innovationsdynamik zu erzeugen, hat sich mir bis heute nicht erschlossen.

In der Regel versucht diese Debatte etwas zu klären, was nicht geklärt werden muss: nämlich das Verhältnis von Kundenverständnis und Technologie. Hier geht es nicht um Prioritäten und Wertung, sondern darum, beide Elemente in geeigneter produktiver Form zusammenzubringen. Infolge der fehlgerichteten Diskussion übersieht man gerne ein Element, das wie kein zweites dazu geeignet erscheint, hier als Mittler, Bindeglied und Impulsgeber zu wirken: Design. Innovation gedeiht am besten, wenn Kundenverständnis, Technologie und Design zusammenkommen und ein Umfeld etablieren können, in dem auf Basis von gelebter Vielfalt und Individualität gerade durch diesen „Dreiklang" Produkte entstehen. Man schaue sich nur Dieter Rams' „10 Thesen zu gutem Design" an, in denen sich klar artikuliert, wie sehr gerade gutes Design vermag, Kundenverständnis zu kanalisieren und in Forderungen an die Technik zu übersetzen [1]. Dass es überdies hinaus auch noch die ästhetische Gestaltung von Produkten übernimmt, erhöht seine Bedeutung nur noch mehr. Solange Unternehmen aber Design nur auf diese Rolle reduzieren, berauben sie sich eines weiteren Kerntreibers für Innovation, dessen Rolle in Zukunft zudem noch weiter an Bedeutung gewinnen dürfte. Gutes Innovationsmanagement muss Design integrieren und ihm Gehör und Autorität verschaffen.

Wie man sieht, kreist all dies grundsätzlich um ein Thema: nämlich Vielfältigkeit zu erzeugen und richtig im Unternehmen zum Einsatz zu bringen. Mitarbeiter bieten eine beträchtliche individuelle Vielfalt an, weitaus mehr als man vielfach denkt. Niemand kann es sich heute mehr leisten, dieses Potenzial zu verschenken oder es gar als Opfer einer dogmatisch überhöhten und phrasendominierten Unternehmenskultur zu beschneiden. Vielleicht sollte man einfach auch mit dem Begriff der

„Kultur" etwas behutsamer umgehen. Im Gegensatz zur Zivilisation, die sich durch das Vorhandensein von Werkzeugen auszeichnet, charakterisiert sich eine Kultur durch deren produktive und zielgerichtete Verwendung.[2] Vor diesem Hintergrund stecken viele Unternehmen mit Blick auf ihre Mitarbeiter noch im zivilisatorischen Morast und die wahre Kulturrevolution steht noch aus. Sie wird genau dann kommen, wenn Unternehmen erkannt haben, dass nicht nur der Anstand, sondern auch der wirtschaftliche Erfolg es gebietet, es Mitarbeitern, die tagtäglich zwei ihrer wertvollsten Gaben, nämlich Zeit und Energie, einbringen, zu ermöglichen, ihr Wissen, ihre Erfahrung und ihre individuellen Kompetenzen selbstbestimmt und produktiv in den Wertschöpfungsprozess einzubringen.

Was hat man also von diesem Buch zu erwarten? Bestimmt kein Lehrbuch und gewiss soll hier kein auch Fachbuch vorliegen, das höchsten akademischen Weihen genügt. Es bietet aber etwas anderes: die über 18 Jahre gewonnene Perspektive eines im Innovationsprozess stehenden Autors, der alle Ebenen, ausgehend von der Strategiegestaltung bis hin zum täglichen Firefighting, durchlebt (und manchmal auch durchlitten) hat. Diese Erfahrung prägt die Inhalte der nächsten Kapitel. Der Aufbau folgt einer zentralen Erkenntnis, eben nicht nur, wie oft zu beobachten, Teilaspekte des unternehmerischen Prozesses zu beleuchten, sondern ausgehend von einem Modell alle relevanten Themen so zu verbinden, dass sich der anhaltenden Diskussion um innovationsorientierte Unternehmensführung neue Facetten hinzufügen lassen. In diesem Sinne wäre es schön (und würde den Aufwand des Verfassens mehr als rechtfertigen), wenn dieses Buch einen Beitrag liefern könnte, das Potenzial aller in Unternehmen engagierten Mitarbeiter ein Stück weit mehr abzurufen, als dies gegenwärtig vielfach geschieht, und mit dieser Wertschätzung ein Stück weit zu sinnvoller und erfüllter Lebensgestaltung beizutragen. Gutes Management hat nicht nur Verantwortung für wirtschaftliche Ergebnisse, sondern erfüllt auch einen humanen Auftrag!

---

[2] Ganz gemäß dem Sprichwort: „Zivilisation ist, wenn man eine Badewanne hat, Kultur, wenn man sie benutzt."

Danksagung

Auch wenn es die Umschlagseite anders suggerieren mag; ein Buch entsteht niemals in Isolation als „Solowerk". Ich möchte daher an dieser Stelle John Goodwin und Anke Buttler danken, die in vielen Gesprächen, gemeinsamen Projekten und insbesondere durch „Leading by Example" meine Sichtweise auf Wertschöpfung, Innovation, Diversity, Change Management und die weiteren zentralen Themen dieses Buches maßgeblich beeinflusst und geprägt haben.

Meiner Familie, Nina, Lara und Lucas, möchte ich danken, dass sie mir den letzten Anschub gaben, das Buch nicht im Stadium der Absichtserklärung zu belassen, sondern es schlussendlich wirklich zu Papier zu bringen, und mir dann auch während des Schreibens mit Rat und Tat zur Seite zu stehen.

Für alle inhaltlichen Unschärfen oder gar Fehler bin selbstverständlich ich als Autor alleine verantwortlich.

Dirk Freund

Inhaltsverzeichnis

1   Treiber der unternehmerischen Wertschöpfung 1

2   Ein Modell der unternehmerischen Wertschöpfung und der
    unternehmerischen Tätigkeit 5

3   Zentrale Innovationstreiber – genauere Betrachtung und
    Modellerweiterung 21

4   Kernkompetenzentwicklung 25

5   Organisation 45

6   Strategie 59

7   Innovationsmanagement 85

8   Change Management 107

Schlusswort 121

Literatur 123

Abbildungsverzeichnis

Abb. 2.1   Prozess der unternehmerischen Wertschöpfung   6
Abb. 2.2   Erweiterte Darstellung des unternehmerischen Prozesses   6
Abb. 2.3   Modell der unternehmerischen Wertschöpfung   16
Abb. 2.4   Innovation und Change Management als Reaktion auf externe
            und interne Komplexität   17

Abb. 3.1   Vorläufige Endform des Modells der unternehmerischen
            Wertschöpfung   24

Abb. 5.1   Abläufe in einer Kreativorganisation   46

Abb. 6.1   Strategie und strategische Planung   60
Abb. 6.2   Strategie und strategische Planung in Einzelschritten   65
Abb. 6.3   Parameterhierarchie: Zielparameter und diagnostische
            Parameter nach [24]   69
Abb. 6.4   Strategieentwicklung: Einzelschritte   70
Abb. 6.5   Zusammenhang von diagnostischen Zielen und Endzielen [25] .   71
Abb. 6.6   Schematische Darstellung eines zur Kommunikation einer
            Strategie verwendbaren Dokumentes   72
Abb. 6.7   Schematische Darstellung eines funktionalen Aktionsplanes   74
Abb. 6.8   Einzelschritte des Portfoliomanagements   75
Abb. 6.9   Zusammenhang von Upstream- und Downstream-Portfolio   77
Abb. 6.10   Optimierungsdimensionen des Portfolios   78
Abb. 6.11   Abstimmung von Upstream- und Downstream-Portfolios sowie
            funktionalen Kompetenzprogrammen   81

Abb. 7.1   Modifiziertes Grundmodell der unternehmerischen
            Wertschöpfung   86

Abb. 7.2 · · · Prinzipieller Ablauf eines Stage-Gate-Prozesses im
· · · · · · · · · · · Downstream-Bereich . . . . · · 87
Abb. 7.3 · · · Kombination von Technologie und Kundennutzen . . . . · · 91
Abb. 7.4 · · · Technologie-S-Kurven . . . . · · 93
Abb. 7.5 · · · Design-Driven Innovation . . . . · · 95
Abb. 7.6 · · · Mögliche Szenarien für Design-Driven Innovation . . . . · · 96
Abb. 7.7 · · · Zusammenspiel im Innovationsprozess . . . . · · 99
Abb. 7.8 · · · Innovationsmanagement im Gesamtüberblick . . . . · 100
Abb. 7.9 · · · Detaillierte Darstellung des Front-End-Prozesses . . . . · 101
Abb. 7.10 · · Zusammenfassende Übersicht des gesamten
· · · · · · · · · · · Innovationsmanagements . . . . · 104

Abb. 8.1 · · · Lewins Modell der Veränderungsdynamik . . . . · 113
Abb. 8.2 · · · Effekt schnell aufeinanderfolgender Veränderungen in Lewins
· · · · · · · · · · · Modell . . . . · 114
Abb. 8.3 · · · Reaktionen und Haltungen im Änderungszyklus . . . . · 114
Abb. 8.4 · · · Modell nach Kordis und Lynch . . . . · 115

Treiber der unternehmerischen Wertschöpfung

Nähern wir uns dem Feld der innovationsorientierten Unternehmensführung bewusst von außen. Betrachtet man Hochglanzbroschüren, Internetauftritte und andere Formen der Selbstdarstellung von Unternehmen jedweder Branche und Form, so dürfte dem unbefangenen Beobachter ein nur allzu überraschender Gleichklang von Aufbau, begrifflicher Gliederung und inhaltlicher Struktur bis hin zu überraschender Uniformität der Wortwahl auffallen. In der Regel oftmals formal aufgebaut nach „Mission/Values/Strategies", anfänglich insbesondere bei Unternehmen mit ausgeprägt amerikanischer Kultur und Herkunft, jetzt aber auch zunehmend im deutschen bzw. europäischen Wirtschaftsraum, überrascht hier die weitgehend unscharfe Verwendung von Schlüsselbegriffen [2] wie beispielsweise:

- Innovation
- Wandel
- Change Leadership
- Change Management
- Konsumentenbezug
- Technologiefokus
- Design

Diese Liste ließe sich fortsetzen und sicherlich könnte jeder Leser, der schon einmal beruflich oder im privaten Rahmen durch entsprechende Verbindungen in Berührung mit Unternehmen jedweder Couleur gekommen ist, die obige Auswahl recht spontan erweitern. Insgesamt muss man aber einen Gleichklang im Vokabular feststellen, aufgrund dessen sich ein Verlust von Aussagekraft oder gar Identität beobachten lässt.

Es fällt mitunter schwer, auf Basis erwähnter Darstellungen auch nur andeutungsweise zu extrapolieren, wie ein Unternehmen mit Blick auf Innovation und

D. Freund, *Wertschöpfende und innovationsorientierte Unternehmensführung*,
DOI 10.1007/978-3-642-39918-3_1, © Springer-Verlag Berlin Heidelberg 2013

Wertschöpfung für den Kunden im Vergleich zu anderen operieren mag, oder wo generell etwaige Unterschiede im allgemeinen operativen Ansatz auf Basis der „Mission/Values/Strategies" auszumachen sein mögen. Außenstehende beschleicht oft der Eindruck, es mit austauschbaren Versatzstücken ohne Identität zu tun zu haben.[1] Viel schwerer wiegt allerdings der Umstand, dass es Mitarbeitern von Unternehmen oftmals ebenso schwerfällt, die artikulierten Unternehmensgrundsätze in der alltäglichen Praxis ihres Umfeldes wahrzunehmen. Im einfachsten Fall werden ohnehin schon unscharfe Inhalte noch weiter verwässert; im schlimmsten Fall wird sogar dem verbliebenen Rest von klarem Verständnis faktisch entgegengearbeitet. Sicherlich spielt hier unzureichende Kommunikation auch eine Rolle; aber im Kern liegt diesem unscharfen Gebrauch aufseiten der Unternehmensführung ein oberflächliches bis mangelhaftes Verständnis vieler Schlüsselbegriffe und ihrer Zusammenhänge zugrunde. Dieses drückt sich dann eben in formelhaften und wenig präzisen, aber vielfach durchaus wohlklingenden Phrasen aus, obwohl es ja gerade Aufgabe der Unternehmensführung sein sollte, „Mission/Values/Strategies" präzise und unmissverständlich zu formulieren und damit eine individuelle Unternehmenskultur zu gestalten, die, mittels Innovation, produktiv die wirtschaftlichen Ziele unterstützt oder sogar erst erreichbar macht.

Eine Irritation des außenstehenden Lesers/Betrachters wäre wohl noch tolerierbar. Äußerst kritisch und kontraproduktiv wird diese Formelhaftigkeit in ihrer Auswirkung auf die Mitarbeiterschaft, die dann schnell in die Lage kommt, eigene Auslegungen der „Corporate Language" entwickeln zu müssen, um ihre Arbeit und Ziele einordnen und verstehen zu können. Der damit einhergehende Produktivitätsverlust durch eine mangelnde Abstimmung von Zielen auf individueller Mitarbeiter- oder Teamebene und eine begleitende fehlende Identifikation bis hin zu zynischer Distanziertheit kann markant sein und sich in erheblichem Umfang negativ auf die Leistungsfähigkeit einer Organisation oder ganzer funktionaler Teilbereiche (und damit auch in der Regel auf die Leistungsfähigkeit des Unternehmens selbst) auswirken. Interessanterweise reagiert das Top-Management oftmals überraschend uneinsichtig auf Ergebnisse von Mitarbeiterbefragungen und reicht den „schwarzen Peter" an das mittlere Management weiter, indem es diesem einen Mangel an „Leadership" oder „Business Ownership" vorhält. Weitverbreitet ist auch der Vorwurf, sich einem Wandel nicht positiv zu öffnen („Not Embracing Change", „No Change Leadership"). Dies bringt natürlich einen fatalen Kreislauf in Gang, in dem einer Reaktion auf formelhaftes, unscharfes Denken (zudem ausgedrückt in unscharfer Sprache) auch noch nicht weniger formelhafte Vorwürfe

---

[1] Der Film „Work Hard/Play Hard" [40], in dem die Realität neuer Arbeitswelten dokumentiert wird, bringt dies recht deutlich zum Ausdruck.

folgen, die eigentlich nichts anderes als Totschlagargumente darstellen, die eine Diskussion unterbinden sollen und auch Verantwortung (unzulässigerweise) delegieren. Wir werden später sehen, dass es sich hier um eine tief im menschlichen Wesen verankerte Kompensationshandlung handelt, deren erste Manifestation gerade die formelhafte und konventionelle Formulierung von Unternehmenszielen und -strategien ist, welcher dann im weiteren Stadium die Delegation von Verantwortung folgt. Daraus resultieren gerade im Entwickeln und Umsetzen von Strategien und deren Verankerung in Organisationen evidente Schwächen. Es ist verblüffend, wie verbreitet Unkenntnis und daraus resultierend Unvermögen, zentrale Unternehmensstrategien zu beschreiben, auftreten. Eine einfache Frage im Stil von „Beschreiben Sie, welches Problem des Unternehmens am Markt durch Ihre Arbeit adressiert wird?" offenbart dies in der Regel sehr schnell.

Vielfach erschwert dies auch eine inflationäre Verwendung der meisten Begriffe. So wird beispielsweise oft von „organisatorischer Innovation", „Business Model Innovation", „Purchasing Innovation" etc. gesprochen, was, ausgehend von einem schon weitgehend unklar eingesetzten Grundbegriff, sicherlich nicht einer erforderlichen Präzisierung zugutekommt. Man verwendet hier einen positiv vorbesetzten Begriff, weil er gut klingt und oftmals auch Selbstverständlichkeiten größere Gewichtigkeit verleiht. Wer sagt nicht gerne von sich, dass er/sie „strategisch" oder „innovationsbezogen" arbeitet.

Vielleicht sind die skizzierten Missstände letztlich auch Symptome eines überholten Verständnisses des Arbeitsbegriffes, der noch das Verhalten vieler Führungskräfte zu bestimmen scheint. Im industriellen Kontext war der Taylorsche Arbeitsbegriff, gemäß dem Arbeit in Teilvorgänge zerlegt werden und dem Individuum zugewiesen werden soll und damit über diese Aufgabenverteilung auf individueller Mitarbeiterebene auf Verständnis für größere Zusammenhänge bewusst verzichtet, lange bestimmend und ausreichend. In der heutigen weitaus komplexeren Umgebung scheitert dieser Ansatz zunehmend. Peter Drucker hat in diesem Kontext den modernen „Wissensarbeiter" eingeführt, für den nicht mehr Arbeitsschritte und ihre Zuweisung relevant sind, sondern vielmehr klare Zielsetzungen, wobei es dem Wissensarbeiter qua seiner Ausbildung, seines Wissens und seiner Problemlösungskompetenz weitgehend freigestellt ist, wie er diese Ziele erreichen kann bzw. soll. Hat möglicherweise auf Managementebene und in der Unternehmensführung noch keine abschließende Anpassung an die Erfordernisse der modernen Unternehmensumgebung stattgefunden? Klare und nachvollziehbare Zielsetzung erfordert eben auch genaues Begriffsverständnis und eine unmissverständliche Kommunikation von übergeordneten Strategien und Unternehmenszielen, die jeder Mitarbeiter wiederum in seinen Zielen und Tätigkeiten reflektiert sieht, damit eine erfolgreiche Umsetzung gelingen kann.

Um viele der beschriebenen Missstände zu vermeiden, fehlt ein Ansatz, zentrale Elemente der unternehmerischen Wertschöpfung in einen Modellzusammenhang zu bringen und damit nicht nur ihre Bedeutung, sondern auch ihr Zusammenspiel besser zu erfassen und in der Umsetzung in unternehmerische Aktion und Zielsetzungen aufeinander abzustimmen.[2] Genau dies soll in den folgenden Kapiteln versucht werden. Wir werden sehen, dass den Begriffen „Innovation" und „Change Management" hierbei eine zentrale Bedeutung zukommt und beide komplementär arbeiten müssen, um innovationsorientierte Wertschöpfung im unternehmerischen Rahmen so zu ermöglichen, dass sich nachhaltige Wettbewerbsvorteile im Konkurrenzumfeld erzielen lassen. Im nächsten Kapitel soll dieses der weiteren Diskussion zugrunde liegende Modell eingeführt werden, um dann dessen Bestandteile in weiteren Kapiteln vertiefend zu diskutieren.

Unternehmen sehen sich heute mehr denn je in verstärktem Maße einem Druck zur ständigen Steigerung von Produktivität und Innovationsdynamik unterworfen, sodass intern erzeugte Reibungsverluste durch unzureichende Abläufe und Abstimmungen der Aufgaben der Teilbereiche und deren Mitarbeiter schlicht nicht zu tolerieren sind. Produktivität beginnt letztlich damit, den einzelnen Mitarbeiter mit seinen Stärken und Kompetenzen optimal zu nutzen, sowie seine Identifikation mit den Unternehmenszielen und seinen spezifischen Beitrag in diesem Rahmen zu ermöglichen. Dies wird nur zur individuellen Zufriedenheit möglich sein, wenn ihm/ihr bewusst und verständlich ist, in welcher spezifisch differenzierten Form (eben einer Facette von Innovation) das Unternehmen im Vergleich zum Wettbewerb seine Wertschöpfung erzielen möchte und wie sein Beitrag dazu aussieht.

Auf diesem Weg legt man aber auch den Grundstein für eine innovationsfördernde Ausrichtung des Unternehmens. Zur Innovation braucht man klare grundlegende Strategien und die möglichst optimale Ausnutzung der individuellen Kompetenzen aller Mitarbeiter. Innovationsorientiertes Management sieht dies und alle darauf aufbauenden Schritte, von denen uns viele im weiteren Verlauf begegnen werden, als seine Hauptaufgabe.

---

[2] In den Naturwissenschaften ist dies seit jeher gang und gäbe. Im wirtschaftlichen Umfeld stellen die Arbeiten von Malik und Gälweiler einen (überzeugenden) Ansatz der kybernetischen Modellierung der Unternehmensabläufe dar.

Ein Modell der unternehmerischen Wertschöpfung und der unternehmerischen Tätigkeit

Peter Drucker (und in Fortführung auch Fredmund Malik [3]) hat den Sinn der unternehmerischen Tätigkeit einfach und dennoch sehr präzise als „die Schaffung von Kundennutzen" beschrieben. Befriedigt ein Unternehmen ein neues Kundenbedürfnis oder ein bestehendes im Vergleich zur Konkurrenz in überlegener Form, so wird sich entweder der Markt als Ganzes erweitern oder Marktanteile werden sich zugunsten des „besseren" Anbieters verschieben. Druckers Definition steht oft im Zentrum von Diskussionen, da der Markterfolg, Shareholder Value, Rendite oder allgemeiner der erzielte Gewinn nicht als schlussendlicher Sinn von Unternehmen bezeichnet werden. Für Drucker stellen allerdings wirtschaftliche Parameter vielmehr Grundvoraussetzungen dar, ohne die ein Unternehmen nicht längerfristig existieren kann. Damit kommt ihnen eine eher diagnostische Funktion zu. Interessant ist nun die Frage, woraus sich im Unternehmensumfeld Kundenbedürfnisse adressieren lassen. Malik hat hier eine klare Zuordnung eingeführt: Die Basis jedes im oben beschriebenen Sinne erfolgreichen Unternehmens sind das Know-How und die Kernkompetenzen seiner Mitarbeiter; die Aufgabe des Unternehmens besteht darin, dieses Know-How so zu transformieren, dass Kundennutzen oder Wertschöpfung für den Kunden generiert werden können (Abb. 2.1).

Im Zentrum dieser Umsetzung steht Innovation. Es ist sehr bewusst zu betonen, dass ein Unternehmen im Wettbewerb mit seiner Konkurrenz so agieren muss, dass es den Kundennutzen in einer vergleichsweise differenzierten Form generiert. Es ist naiv, zu glauben, dass sich Kundenbedürfnisse besser befriedigen ließen, wenn man genauso agiert wie ein Konkurrenzunternehmen: Gleiche Aktivitätssysteme erzeugen in der Regel gleiche Ergebnisse und damit gerade keine Alleinstellung (dies gilt natürlich auch für die im vorigen Kapitel diskutierten Sachverhalte rund um Corporate Language und Unternehmensverständnis bzw. -kultur).

D. Freund, *Wertschöpfende und innovationsorientierte Unternehmensführung*,
DOI 10.1007/978-3-642-39918-3_2, © Springer-Verlag Berlin Heidelberg 2013

Abb. 2.1 Prozess der
unternehmerischen
Wertschöpfung

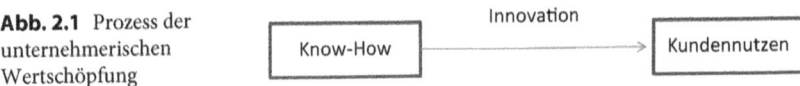

Letztlich, im Gegensatz zu Druckers Ansatz, sollen in unserem Modell noch zwei weitere Bestandteile aufgenommen werden: Der Markterfolg und ein Rückkopplungsmechanismus.

Abbildung 2.2 macht zwei grundlegende Elemente deutlich: Zum einen den in Richtung Konsument gestalteten Innovationsprozess und zum andern einen rückkoppelnden Zweig, der aus der Analyse des Markterfolges erlaubt, kontinuierlich Optimierungen und Veränderungen am Transformationsprozess vorzunehmen. Markterfolg nimmt in dieser Form eine diagnostische Funktion im Druckerschen Sinne ein, stellt aber auch ein Unternehmensziel dar.

Gehen wir den gesamten Ablauf zur besseren Verdeutlichung schrittweise durch. Zunächst erkennen wir den zum Markt zielenden, gestaltenden, Vorgang, in dessen Rahmen klar definiert sein muss, welchen Kundennutzen man überhaupt mit Hilfe der vom Unternehmen angebotenen Produkte adressieren will. Es muss klar sein, welches Know-How bzw. welche Kernkompetenzen man dazu besitzen muss und wie der Innovationsprozess in einer Organisation implementiert sein muss, um in dieser Form letztendlich erfolgreich am Markt bestehen zu können. Der Markterfolg ist bewusst explizit aufgeführt, um nicht einem Missverständnis Tür und Tor zu öffnen, das darin bestünde, zu glauben, das Adressieren von Kundenbedürfnissen sei schon ausreichend, um unternehmerischen Erfolg zu sichern. Simpel gefasst müssen zum Wettbewerb differenzierte Produkte entwickelt, gefertigt, vermarktet und verkauft werden, um erfolgreich zu sein – nicht mehr und nicht weniger. Dieser vollständige zum Markt gerichtete Ablauf in Abb. 2.2 lässt sich mit dem Innovationsmanagement gleichsetzen, eben der koordinierten und produktiven Verknüpfung von Know-How und Kundennutzen über Innovation. Die zentrale Bedeutung von Innovation und Innovationsmanagement für den Unternehmens-

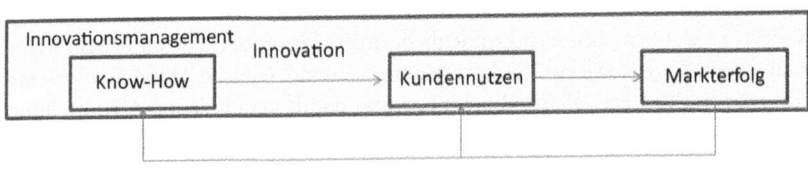

Abb. 2.2 Erweiterte Darstellung des unternehmerischen Prozesses

erfolg tritt überdeutlich hervor. Letztlich dominieren im Erfolgsfall zwei Elemente in diesem Zweig:

- Die optimale Ausnutzung des Know-Hows und damit der Stärken der Organisation (wogegen das oft geforderte Ausmerzen von Schwächen bestenfalls zu Mittelmäßigkeit führt, wie Malik richtig argumentiert [3]).

- Innovationsmanagement muss effektiv und effizient gestaltet sein und sollte auf keinen Fall mit dem technischen Entwicklungsprozess gleichgesetzt werden, berührt vielmehr alle Unternehmensbereiche. Es schließt selbstverständlich Design, Produktion, Marketing, Finance und Vertrieb ein, denn ein Kundennutzen, der von einem Produkt generiert wird, bleibt von akademischem Wert, wenn der Kunde von der Existenz des Produkt keine Kenntnis hat, das Produkt nicht in den richtigen Verkaufskanälen auftaucht oder ganz einfach aus Sicht des Unternehmens unwirtschaftlich ist.

Unzulänglichkeiten in einem dieser beiden Bereiche des Wertschöpfungsprozesses führen zu suboptimalen Ergebnissen und lassen im schlimmsten Fall die Potenziale von Organisationen und Mitarbeitern sträflich ungenutzt; einer der größten Fehler von Unternehmensführungen.

In diesem Zusammenhang kommt dem Rückkopplungszweig im Modell eine wesentliche Bedeutung zu: Durch diesen wird unter anderem aufgrund der Analyse der Marktperformance die Diskussion angestoßen, wie inhaltliche Schwerpunkte, Kompetenzen, Organisation und Abläufe gegebenenfalls zu optimieren oder neu zu gestalten sind. In letzter Konsequenz beschreibt dies schon in groben Zügen den Strategieprozess (mehr dazu in ausführlicherer Form später). Es wird sicherlich auch deutlich, dass der Erfolg eines Innovationsprozesses vom Optimierungsgrad aller Modellelemente abhängt und sich Unzulänglichkeiten in Einzelelementen erheblich innovationshemmend auswirken. Genauso wie man nie alleine nur mit überlegenem Know-How oder nur auf Basis von Kundenverständnis langfristig erfolgreich sein kann, so wenig kann man erwarten, mit einem unausgereiften Rückkopplungsprozess (= Strategieprozess) überlebensfähig zu sein. Innovation ist kein statischer, invarianter Prozess, sondern muss ständig an die Markt-und Kundenrealität angepasst werden, um stets möglichst effizient und kompetent, Kundennutzen zu erzeugen.

Halten wir an dieser Stelle schon einmal fest, dass kompetente und verantwortungsvolle Führung vornehmlich die Kernkomponenten der Innovationsabläufe im Auge behält und an den Markterfordernissen ausrichtet. Dies klingt zunächst vergleichsweise trivial und tautologisch. Es stellt aber gerade in der Praxis größerer

Unternehmen oder in Konzernen mit Geschäftseinheiten, die in unterschiedlichen Industrien oder Märkten operieren, im Spannungsfeld der Forderung nach unternehmensweit standardisierten Abläufen und einheitlicher Konzernkultur einerseits und einer zielgerichteten Entwicklung der Kernelemente der Innovation im obigen Sinn andererseits, ein nicht zu unterschätzendes Problem dar. Selten erhalten Einheiten die volle Autonomie, sich nach den Erfordernissen des Marktes aufzustellen. Stattdessen werden oftmals Skaleneffekte bemüht, die sich bei näherem Hinsehen eher hinderlich als nützlich erweisen, dann in der Regel mit signifikant negativen Auswirkungen auf die innovative Kraft des betreffenden Unternehmensbereichs.

Wenden wir uns jetzt einem zweiten Feld zu, das sich in den letzten Jahren mehr und mehr zu einem zentralen Thema der Führungspraxis und der Managementliteratur entwickelt hat: Wandel bzw. Change. Ohne Zweifel laufen diese Begriffe, mehr noch als der Innovationsbegriff selbst, Gefahr, sich zu Phrasen mit breitestem Deutungsspektrum zu entwickeln. Kann unter Innovation in der Regel noch jeder zumindest einem geringsten gemeinsamen Nenner des Verständnisses zustimmen, so unterliegt „Wandel bzw. Change" fast vollständig der Auslegungshoheit desjenigen, der den Begriff einsetzt, und sorgt in dieser Form oftmals für mehr Verwirrung als Nutzen. Dennoch wird kaum jemand die These aufstellen wollen, Wandel bzw. Change sei irrelevant für die unternehmerische Praxis. Versuchen wir also im Folgenden eine Einordnung (und damit auch gleichzeitig eine Einengung) des Begriffes zu erarbeiten. Interessanterweise gleicht der Innovationsprozess per definitionem einem Wandel bzw. Change Prozess, der aber in der Regel aufgrund seiner Bedeutung korrekterweise nie als Teil von Change Management gesehen wird. Wenn unser Modell aber die Kernelemente der unternehmerischen Wertschöpfung erfassen und strukturieren soll, wo taucht Wandel bzw. Change dann auf? Wie gesagt, nicht im Innovationszweig des Modells, somit bleibt nur noch der Rückkopplungszweig. Aus den Erkenntnissen, die man im Innovationsprozess gewonnen hat, und aus der Marktsituation ergibt sich die Notwendigkeit, aufgekommene Probleme oder Erkenntnisse zu verarbeiten und in den Abläufen zu reflektieren. Die Grundlage der sich daraus ableitenden strategischen Ausrichtung und ihre Implementierung und Ausführung sind gerade der wirklich relevante Change-Managementprozess. Dieser ist also in der Regel ein Vorgang, der auf der Basis von Hypothesen zur externen und internen Ursache von Unternehmenslage, Erfolg und Misserfolg korrigierende Aktionen einleitet. Je früher man in der Lage ist, diese Hypothesen (relativ zum konkreten manifesten Ergebnis am Markt) proaktiv zu formulieren, umso effizienter kann ein adaptiver Wandel angestoßen werden. Hier lohnt ein Blick in die technische Natur von Regelkreisen, in denen gezielt stabile Systemzustände (in Sinne von Unternehmen ist dies die erfolgreiche Performance am Markt) mit Hilfe von idealerweise kleinen Regeleingriffen erzielt werden sollen. Analog hierzu sollte eine Analyse der unternehmerischen Situation ebenfalls zeitnah zu den Marktgeschehnissen erfolgen, umso ruhiger und schneller können erforderliche Änderungen etabliert werden. Dies zieht aber in letzter Konsequenz eine ständige Unruhe in Unternehmen, aufbauend auf geistiger Offenheit und dem Willen zur Selbstanalyse bzw. Selbstkritik, nach sich, um in der Lage zu sein, schnell, unmittelbar und mit kürzester Reaktionszeit aktiv werden zu können. Einer Notwendigkeit zur Änderung steht meistens eine naturgegebene Trägheit eines Systems entgegen, sodass dem „Change Management" in der Tat eine zentrale Bedeutung zukommt, da es genau diese überwinden muss. Mehr dazu in einem späteren Kapitel. Die Möglichkeit zur zeitnahen Reaktion richtet sich auch nach der Realität der Industrie, in der man tätig ist. Kann man im Bereich Fast Moving Consumer Goods, bedingt durch vergleichsweise kurze Entwicklungszyklen und schnelle Wiederholungskäufe von Kunden, rasch eine Einschätzung der Lage relativ zu ursprünglichen Annahmen vornehmen, so gestaltet sich dies etwa in der Automobilindustrie oder im Bereich Elektrogeräte, in denen vom Beginn eines Projektes bis zur Markteinführung von Produkten gut und gerne drei bis vier Jahre vergehen, ungleich schwerer[1] [4].

Was macht den notwendigen Wandel jetzt in seinem Innersten aus? Hier lohnt es sich, zwischen internen und externen Ursachen zu unterscheiden, die beide die Situation eines Unternehmens am Markt beeinflussen können. Fangen wir mit einer Betrachtung der externen „Kräfte" an. Hier begegnet man oft der Aussage vom „halsbrecherischen Wandel mit höchster Geschwindigkeit", dem Rechnung zu tragen sei. Interessanterweise erhält man vielfach auf weiteres Nachfragen wenig Tiefschürfendes und Verwertbares, das einem helfen könnte, zu verstehen, was sich denn so „halsbrecherisch" verändert habe. Meist verläuft sich die Antwort in einem unkonkreten Verweis auf die Zunahme der Informationsdichte, auf den zunehmend globalen Kontext, Kurzlebigkeit von Trends oder Ähnlichem. Zweifelsfrei würde niemand diese Feststellungen grundsätzlich bezweifeln, aber kommen sie wirklich zum Kern der Sache? Bemühen wir den historischen Rückblick. Vergleicht man den Zeitraum von 1875 bis 1930 mit dem Zeitraum von 1955 bis 2010, so kann man kaum zu dem Schluss kommen, dass die heutige Gesellschaft einem stärkeren Wandel ausgesetzt sei. Lässt man die Kriege im erstgenannten Zeitraum (eigentlich unzulässig) außen vor, so finden sich dort selbst dann noch gravierendste Umwandlungen: der Übergang von der Monarchie zu demokratischen Strukturen, die dann wieder vom aufkommenden Faschismus bedroht wurden,

---

[1] Dies mag die ausnehmend schlechte Erfolgsbilanz von CEOs aus der Konsumgüterindustrie in z. B. der Automobilindustrie erklären. Siehe hierzu R. A. Lutz' Darstellung des Niedergangs von GM in „Car Guys vs. Bean Counters – the fight for the soul of American business" [4].

der Siegeszug des Automobils begann, der Personennahverkehr, die Schallplatte, der Film wurden eingeführt, und zu guter Letzt wurde mit der quantenphysikalischen Revolution das Weltbild auf den Kopf gestellt. Die in dieser Zeit ablaufenden Veränderungen auf gesellschaftlicher, kultureller, technischer und philosophischer Ebene sind in keinster Weise vergleichbar mit den Änderungen, die unsere Generation erleben musste bzw. durfte. Selbstverständlich gab und gibt es immer noch gravierende Veränderungen, aber diese sind im Vergleich eher evolutionärer Natur und damit nicht wirklich vergleichbar mit den Herausforderungen der Periode von 1875 bis 1930. Man sollte sich auch nicht von technischen Änderungszyklen und deren Ablaufgeschwindigkeit täuschen lassen. Die zur Beschreibung von Generationszyklen sogenannter Schrittmachertechnologien (und nur diese treiben einschneidende Veränderungen) eingeführten Kondratieff-Zyklen (etwa 60 Jahre) treffen immer noch weitgehend zu, letztlich ganz einfach deswegen, weil sich darin das menschliche Vermögen, Wissen zu kreieren, in Technologie umzusetzen und dann diese Technologie auszureizen, widerspiegelt [5]. Natürlich treibt die zunehmende Digitalisierung einen Wandlungsprozess, aber an dessen Wurzel begegnen wir einem ganz anderen Phänomen, das zu berücksichtigen sein wird, um den richtigen Ansatz zur Bewältigung moderner Anforderungen im Kontext von Wandel zu entwickeln. Mehr dazu später.

Haben sich Kundenbedürfnisse etwa drastisch verändert? Bestenfalls in wenigen Gebieten, in den meisten Bereichen aber bleiben die Bedürfnisse weitgehend invariant. Maslows Bedürfnispyramide gilt noch immer, und damit verändern sich mindestens die Grundbedürfnisse kaum. Dies drückt sich auch in Produkten aus: Gleichbleibend muss der Mensch etwa Haare entfernen oder die Zähne reinigen und in ihrer Essenz sind die entsprechenden Produkte gleich geblieben. Was sich geändert hat, sind die Produktformen, in denen Grundfunktionen implementiert wurden. So gibt es jetzt beispielsweise elektrische Zahnbürsten, die aber im Kern immer noch weitgehend identisch wie das ältere nicht-elektrische Modell mit Borsten arbeiten, um die Zähne zu reinigen, wenngleich auch effizienter und schneller. Ähnliches gilt für das Internet, das auch „lediglich" in ungleich dynamischerer Form das Informationsbedürfnis der Menschen anspricht. Diese neuen Produktformen spiegeln im Kern letztlich das Differenzierungsbestreben von Unternehmen am Markt wider, das sich im Einsatz überlegener Technologien zur Adressierung eines gleichbleibenden Bedürfnisses ausdrückt und nicht etwa mit fundamentalen Veränderungen zu verwechseln ist.

An dieser Stelle empfiehlt es sich, kurz innezuhalten. Keineswegs soll behauptet werden, dass man im modernen Kontext nicht mit Veränderungen umzugehen habe. Einzig soll die Perspektive zurechtgerückt werden, um die eingangs erwähnte Behauptung, man sei mit Wandel historischen Ausmaßes konfrontiert, etwas zu relativieren. Warum sind dann trotzdem Begriffe wie Wandel bzw. Change so allgegenwärtig in Organisationen und ihren Kulturen, eben, wie schon vermerkt, in der Disziplin „Change Management" oder etwa im (als erstrebenswert angesehenen) Führungsattribut „Leader with a passion for change". Stellen wir zunächst kritisch fest, dass diese Begriffe im Unternehmensalltag oftmals sehr „politisch" verwendet werden. „Change" als Begriff generiert Unschärfe und hinter dieser kann man sich gut verstecken. Durchaus oft kann man auch das Bestreben sehen, durch die Instrumentalisierung der Begriffe Change bzw. Wandel, hierarchisch Kontrolle auszuüben, ohne den Anlass für Veränderungen deutlich machen zu müssen oder gar Verständnis für die Ursache von gefordertem Wandel erzeugen zu müssen. Wer dann kritische Fragen stellt oder gar ein anderes Bild des (unscharf) beschriebenen Änderungsanlasses hat, sieht sich oft mit dem Vorwurf konfrontiert, „Wandel nicht zu begrüßen", „kein Change Leader" zu sein, was in Wahrheit nichts anderes ist als ein Totschlagargument zur Unterbindung einer als unbequem empfundenen Diskussion. Was dieses Verhalten aber auch in der Konsequenz der unscharfen Beschreibung des Änderungsanlasses bewirkt, ist letztlich ein Wegdelegieren der immer noch diffus beschriebenen Veränderung in die Organisation, um diese Antwort dann gleichsam ausschwitzen zu lassen; ein klassisches Beispiel von missbrauchtem „Change Management".

Abseits dieser Fehlverhalten würde aber gewiss niemand bezweifeln, dass „Change Management" eine zentrale Rolle im betrieblichen Umfeld spielt. Die große Zahl an gescheiterten Strategien und Markteinführungen sowie vielfach unzureichende Unternehmensergebnisse bestätigen dies offenkundig. Was löst jetzt den Widerspruch zwischen der gängigen Sichtweise (Wandel im historischen Ausmaß) und den wirklichen Fakten auf? Warum passen sich Unternehmen, deren Führungsebenen und nachgeschaltete Organisationen (bei anzunehmend gleichbleibenden intellektuellen Fähigkeiten) so zunehmend schlecht an die sich (vergleichsweise) inhaltlich moderat ändernden Randbedingungen an? Warum werden Organisationen mit vielfach für Mitarbeiter fatalen Konsequenzen und Überforderungen als Folge unscharfer Strategien und nicht wahrgenommener Verantwortung belastet?

Die Antwort findet man in einer zweiten Dimension, in der sich Veränderung auch ausdrücken kann: Nicht inhaltlicher Wandel, sondern in erster Linie Komplexität fordert uns in gegenwärtigen Zeiten heraus. Weitestgehend wenig veränderte Inhalte finden sich in einem zunehmend komplexen Rahmen: eine stets ansteigende Flut von Daten und Informationen, mit der sich das Individuum und auch Organisationen konfrontiert sehen. Gleichzeitig erweitert sich der Wirkungskreis des Wirtschaftens global, sodass nicht nur die reine Informationsmenge, sondern auch deren Vernetzungsgrad ansteigt. Außerdem hat sich durch die moderne Infrastruktur die Verarbeitungsgeschwindigkeit markant erhöht. Es kommt nicht von ungefähr, dass oft von einer exponentiellen Zunahme gesprochen wird, zu der insbesondere die Verfügbarkeit moderner Technologie entscheidend beiträgt. Gerade eingeführt, um die erhöhten Geschwindigkeiten beherrschen zu können, liefert sie gleichzeitig einen Beitrag zur weiteren Beschleunigung, sodass dies letztlich in einem sich selbst anfachenden Prozess endet, den wir alle nur zu gut täglich beobachten können.[2] All diese drei vorgenannten Phänomene (Informationsmenge, Vernetzung und Verarbeitungsgeschwindigkeit) tragen ursächlich zu vielen beobachtbaren Widersprüchen und Fehlentwicklungen im Umfeld von Unternehmen und Innovation bei, primär verursacht durch eine fundamentale Unzulänglichkeit des menschlichen Geistes im Umgang mit komplexen Systemen erhöhter (exponentieller) Dynamik. Nobelpreisträger Daniel Kahnemann [6] hat eingehend untersucht, wie sich das menschliche Entscheidungsverhalten in derartigen Umfeldern verhält und fand interessanterweise heraus, dass gerade bei Verfügbarkeit großer Datenmengen zur Entscheidungsfindung die Qualität der Entscheidung nicht zu-, sondern rapide abnimmt. Der menschliche Geist ist demnach offensichtlich nicht in der Lage, mit großen Datenmengen umzugehen. Kahnemanns Forschungsergebnisse kollidieren frontal mit einer Ausprägung des modernen Managements, hauptsächlich getrieben durch die MBA-Ausbildung, die sich durch eine extreme Fixierung auf Daten und Scorecards ausdrückt (von Gegnern oft „analysis paralysis" genannt), datenbasierte Szenarioanalyse in den Vordergrund stellt und in dieser Form die Unzulänglichkeit der menschlichen Natur geradezu provoziert und folglich sehr oft im Misserfolg endet[3] [4].

Zusätzlich tut sich der Mensch schwer mit komplexen, in der Regel nichtlinearen Systemen ohne direkt erkennbare Ursache-Wirkungs-Ketten. Evolutionär war das Agieren unter Annahme von linearen Kausalzusammenhängen geradezu essenziell für das Überleben der Spezies; im Umfeld des modernen Wirtschaftens resultieren daraus eher Limitationen. Gekoppelt mit der Prägung auf bevorzugt kausal lineare Informationsverarbeitung zeigt sich ein erschwerter Umgang mit zeitlich nichtlinearen (eben eher exponentiellen) Dynamiken. In der Regel extrapoliert man die Auswirkungen von Tätigkeiten und Entscheidungen linear in die Zukunft und geht damit fälschlicherweise von langsameren Effekten aus, als man sie dann in der Realität antreffen wird.

---

[2] Gut dokumentiert im Film (und dem zugrundeliegenden Buch [39]) „SPEED – auf der Suche nach der verlorenen Zeit".

[3] Nicht wenige halten diese MBA-basierte Managementphilosophie als ursächlich verantwortlich für den Niedergang der amerikanischen Wirtschaft, s. wieder R. A. Lutz in „Car Guys vs. Bean Counter" [4].

Diese Diskrepanz zwischen einer komplexer werdenden, zunehmend nichtlinearen Umwelt und einem noch gleichsam archaisch linear arbeitenden Geist erzeugt im Umfeld von Unternehmensführung und verwandten Entscheidungsprozessen ein Spannungsfeld, auf das das Individuum mit einem Kompensationsverhalten reagiert. Wie verhält sich der Mensch, wenn er durch sein Umfeld gleichermaßen an seine natürlichen Grenzen gebracht wird? Er konzentriert sich auf die Dinge, die er kennt, die er schon erfolgreich umgesetzt hat und mit denen er sich einfach wohlfühlt. Im selben Zug tritt aber ein weiteres wohlerforschtes Phänomen auf [7]: Gerade im Zusammenhang mit hierarchisch strukturierten Organisationen werden die unangenehmen Inhalte und Herausforderungen nach unten wegdelegiert. Der oben dargestellte Missbrauch des Begriffs „Change Leadership" rührt genau daher. Das Wegdelegieren hat natürlich vielfach fatale Auswirkungen: Zum einen stellt die in die Organisation verlagerte Aufgabe diese vor die gleichen fundamentalen Herausforderungen und grundsätzlichen Probleme in der Bewältigung der Situation, zum andern erzeugt ein von Phrasen begleitetes Wegdelegieren erhebliche Irritation und fehlendes Verständnis in Organisationen. Letztlich endet dies in einer dissonanten Situation, die am fundamentalen Problem nichts ändert und schon gar keine Lösung bringt. Der „Worst Case" einer solchen Entwicklung tritt oftmals im Rahmen von Akquisitionen ein, insbesondere, wenn zwei Unternehmen zusammenkommen, die in Industriebereichen mit unterschiedlichen Anforderungen und Geschäftsmodellen arbeiten. Der Käufer sieht sich dann mit einem (für ihn allemal) komplexen System (dem anderen Unternehmen) in einem anderen und von daher für ihn noch weniger kausal-linear verständlichen Umfeld konfrontiert. Was ist vielfach die Reaktion? Man bringt sein vertrautes Aktivitätssystem zum Einsatz, nennt das Ganze „kultureller Change" und irritiert damit die übernommene Organisation, die natürlich ihrerseits die entsprechende Tendenz pflegt, auf ihrer gewohnten Basis weiteragieren zu wollen, und der daher umgekehrt das neue System des Käufers fremdartig erscheint. Auf beiden Seiten im Lichte des vorher diskutierten Sachverhaltes ein keineswegs verwunderliches Verhalten, aber genau deswegen kein wünschenswerter oder gar erfolgversprechender Zustand, der gewiss nicht dadurch aufgelöst wird, dass man „kulturelle Trainings" verordnet, neue Denkmuster propagiert, gerne über „mangelnden Willen, Wandel zu akzeptieren" schwadroniert und vergisst, dass alles, was man in dieser Situation in einer Richtung als Vorwurf artikuliert, einem selbst genauso von der „Gegenseite" vorgeworfen werden könnte. Das eigentliche Problem wird dadurch per Dekret noch verschlimmert: Nämlich die fundamentale eigene Unfähigkeit, angesichts einer neuen, komplexen Situation klar zu artikulieren, warum und wie sich etwas ändern muss.[4] Dörner [7] hat diesen Themenbereich ausgiebig untersucht und kommt zu dem Ergebnis, dass Programme, die eigentlich letztlich darauf abzielen, den menschlichen Denkvorgang zu verändern („mehr die rechte Hälfte des Gehirns nutzen", „nicht genutztes Potenzial des Gehirns freilegen", „neue Kreativität freilegen"), zum Scheitern verurteilt sind und mehr Probleme aufwerfen als sie letztlich lösen. Change Management kann und muss Sicht- und Verhaltensweisen formen, aber man sollte sich davor hüten, zu glauben, man könne das menschliche Wesen und grundlegende psychologische Dynamiken an sich verändern.

Der vielzitierte Wandel bzw. Change ist also, zusammenfassend gesagt, nichts anderes als die Folge der Notwendigkeit der Auseinandersetzung mit komplexen Systemen nichtlinearer Natur (aber mit durchaus bekannten Inhalten), nicht mehr und nicht weniger. Was ist von Führungskräften und Unternehmen zu verlangen, um hier erfolgreich zu agieren? Vornehmlich müssen ein Führungskreis und auch die nachfolgende Organisation erst einmal in die Lage versetzt werden, Signale aus einer vernetzten und dadurch vielfältigen Welt wahrzunehmen, zu akzeptieren, und nicht das „bequeme" Kompensationsverhalten zu kultivieren. Wie man vermuten wird, lässt sich dies schwer auf individueller Ebene adressieren und lösen. Eine entscheidende Rolle spielt hier eine entsprechend vielfältig strukturierte Organisation. Der Ruf nach „Gender Diversity" und der „Inklusion" verschiedenster, teilweise sogar gegensätzlicher Charaktere (z. B. introvertiert/extrovertiert) war nie berechtigter und drängender als heute, um eben die Komplexität und Vielfältigkeit des Umfeldes im Unternehmen zu spiegeln und auf dieses besser reagieren zu können. Dies kann aber nur erfolgreich geschehen, wenn sich etwas Zweites ausbildet: nämlich eine „operative Intelligenz", die es erlaubt, auf Basis des gesunden Menschenverstandes, Intuition und Bauchgefühl, in unüberschaubaren Situationen gewissermaßen instinktiv richtige Wege auf Basis von stimmigen Hypothesen einzuschlagen. Das Arbeiten in nichtlinearen, komplexen Systemen erlaubt, wie schon hervorgehoben, keine lineare Extrapolation von Kausalzusammenhängen mehr; stattdessen ist man gezwungen, vielfach mit nicht unmittelbar begründbaren Hypothesen zu arbeiten. Dies wirft weitere Probleme auf: einmal in der Aufstellung, Formulierung und Kommunikation dieser Hypothesen und im Weiteren in der Umsetzung in anschließende Arbeitsschritte. Denn was von seiner Natur her schon vage ist, lässt sich eben nur mit Unschärfe und einem gewissen

---

[4] Fängt man dann auch noch an, „unbequeme" Charaktere auszutauschen, hat man die Abwärtsspirale eingeläutet, denn diese sind primär deshalb unbequem, weil sie wissen, wie man im übernommenen System erfolgreich agiert und demzufolge vieles, was von der „Gegenseite" pauschal in Folge des oben beschriebenen Kompensationsmechanismus gefordert wird, kritisch sehen.

Risiko zum Unverständnis handhaben. Schließlich können andere ohne Probleme mit unterschiedlichen Hypothesen aufwarten. In gewisser Hinsicht gleicht dieses erforderlich werdende Vorgehen dem typisch naturwissenschaftlichen Ansatz, der ungefähr seit der Aufklärung etabliert wurde: Ausgehend von einer unerklärten Beobachtung formuliert man Hypothesen, die man dann auf Basis von Versuchen oder weiteren Beobachtungen be- oder widerlegt. Im wirtschaftlichen Umfeld tut bzw. tat man sich allerdings immer schwer, dieses Vorgehen zu akzeptieren bzw. umzusetzen. Im Abschnitt über Strategie kommen wir darauf zurück.

All dies deckt sich mit Kahnemanns Forschungsergebnissen [6], nach denen in der grundsätzlichen Überforderung des menschlichen Geistes mit großen Datenmengen und vernetzten, komplexen Inhalten in letzter Instanz Glück und gesunder Menschenverstand zu den wesentlichen Determinanten des wirtschaftlichen Erfolges werden.

Dies kommt in seiner Konsequenz, wie schon gesagt, einer Absage an einen Managementstil gleich, der sich primär über das Sammeln von Daten als Entscheidungsgrundlage definiert und gerne im Statement „nur was man messen kann, kann man managen" ausdrückt. Diese „Kultur" überzieht Unternehmen gerne mit Prozessen und Scorecards zur Dokumentation, Datenaufnahme und -verfolgung, eliminiert aber gerade damit genau jene Elemente, die für ein effektives Operieren im modernen Umfeld zwingend erforderlich sind, nämlich Flexibilität und Variabilität. Nicht umsonst heißt eine Ausprägung dieser Denkrichtung „Six Sigma", zielt also auf die Reduktion von Standardabweichungen. Besser könnte man einen Kontrast zur Forderung nach Varianz gar nicht artikulieren. Eine mühsam in Richtung Vielfältigkeit geformte Organisation wieder über Prozessfluten und eine „gleichschaltende" Kultur vermeintlich weiterzuentwickeln, stellt eine gefährliche Tendenz in einer Welt dar, die grundsätzlich nach dem Gegenteil ruft. Dennoch gibt es zahlreiche Beispiele, die zeigen, dass hier noch Handlungsbedarf besteht: Frauen erhalten in Schulungen den Rat, sich männlicher Statussymbole zu bedienen, um akzeptiert und erfolgreich zu sein; introvertierte Charaktere werden in Großraumbüros gezwängt, in denen nur extrovertierte Charaktere produktiv arbeiten können. Wie schon im Vorwort erwähnt: Man verwendet einige Mühe darauf, Menschen zu finden, die die Organisation vielfältiger machen, um sie beim Durchlaufen der Organisation nur mit Erfolg zu belohnen, wenn sie sich anpassen, teilweise gegen ihre Natur (was im schlimmsten Fall zur Folge hat, dass die guten Mitarbeiter dies eben nicht mit sich machen lassen und das Unternehmen verlassen). Nun soll hier nicht die organisatorische Anarchie proklamiert werden. Niemandem wäre damit gedient. Natürlich benötigt man Prozesse, um Abläufe in Unternehmen zu strukturieren. Man sollte allerdings sehr genau überlegen, an welcher Stelle man diese Prozesse einführt; ein Prozess hat per definitionem die Funktion, wiederholt auftretende Vorgänge zu standardisieren. Vorgänge, die

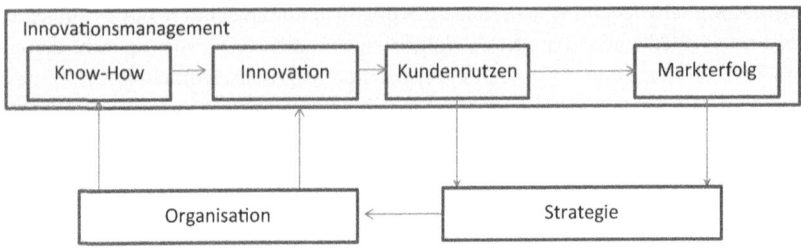

Abb. 2.3 Modell der unternehmerischen Wertschöpfung

nicht standardisierbar sind, und davon gibt es aus all den bereits diskutierten Gründen zunehmend mehr, sollte man tunlichst keiner Prozesskultur aussetzen. Aber gerade Großunternehmen, die aufgrund ihrer Größe und Globalität besonders mit Komplexität umgehen müssen, verfallen oft in das Gegenteil, wobei wieder einmal das bereits hervorgehobene Kompensationsverhalten zu beobachten ist. Man versucht, seiner eigenen Unsicherheit Herr zu werden, indem man geradezu exzessiv implementiert, was sich in vertrautem Umfeld bewährt hat und was man aufgrund dessen gut zu kennen glaubt.

Komplexität tritt aber noch an einer anderen Stelle auf. War bisher fast ausschließlich von extern „aufgezwungener" Komplexität die Rede, so gibt es auch noch eine davon weitgehend unabhängige Tendenz, diese intern (d. h. in Organisationen) aufzubauen. Selbst bei gleichbleibenden äußeren Umgebungsbedingungen neigen Organisationen dazu, sich selbst zunehmend zu verkomplizieren (Rumelt [8] nennt dies „organisatorische Entropie"). Klassische Anzeichen sind zusätzliche Hierarchieebenen, eine wachsende Anzahl von Teilorganisationen und Schnittstellen und in der Folge neue Prozesse. In ihrer Konsequenz gleichen die Auswirkungen denen der externen Komplexität: Die Organisation kann schlichtweg nicht mehr im klassischen Sinn mit höchster Produktivität arbeiten und verabsäumt in der vornehmlichen Beschäftigung mit sich selbst, den richtigen, extern motivierten Wandel einzuleiten. Hieraus erwächst ebenfalls die Forderung nach ständiger, kontinuierlicher Veränderung und Change Management, um ein Anwachsen interner Komplexität einschränken oder idealerweise verhindern zu können und sich somit auf die externen unkontrollierbaren Faktoren fokussieren zu können. Selbstdisziplin und Selbstkritik einer Organisation und ihrer Führung sind hier gefragt.

Kommen wir jetzt wieder auf Innovation und Innovationsmanagement zurück. Es sollte deutlich geworden sein, dass die Bewältigung interner und externer Komplexität auf das Innovationsvermögen erheblich ausstrahlt. Passen wir also unser eingeführtes Modell auf diesen Sachverhalt und diese Schlussfolgerungen an (Abb. 2.3). Der den Innovationsvorgang beschreibende, nach vorne gerichtete

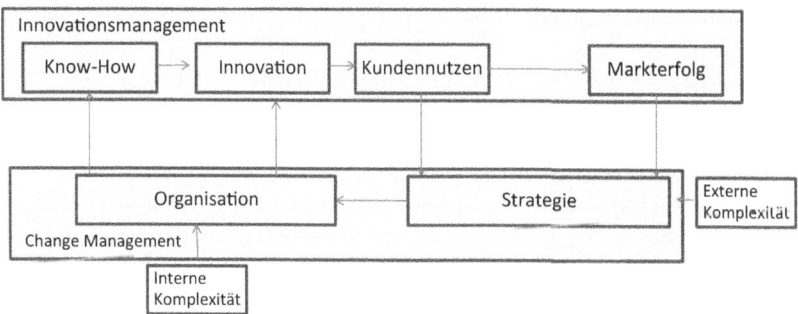

Abb. 2.4 Innovation und Change Management als Reaktion auf externe und interne Komplexität

Transformationsvorgang von Know-How in Kundennutzen und Markterfolg bleibt als Kernprozess unverändert bestehen. Änderungen nehmen wir in der rückkoppelnden Schleife vor. An die Analyse des Markterfolges und anderer äußerer Einflussfaktoren muss sich eine auf Hypothesen basierende Strategieentwicklung anschließen, die in einer organisatorischen Weiterentwicklung resultieren sollte, in deren Zentrum eine Anpassung des Know-Hows und der Transformationsprozesse an die neuen Erfordernisse der Umwelt, ausgedrückt durch die Strategie und ihre Umsetzung, steht.

Nehmen wir jetzt eine letzte Ergänzung am Modell (Abb. 2.4) vor und erfassen noch den Einfluss von interner und externer Komplexität und ihrer Einwirkung auf das System.

In Analogie zu technischen Regelkreisen gleicht die Aufnahme der Komplexität einer Störgrößenaufschaltung. Technische Regelkreise haben die Aufgabe, den Einfluss solcher Störgrößen idealerweise zu eliminieren oder wenigstens so gut wie möglich zu minimieren. Im unternehmerischen Kontext verkompliziert sich die Sachlage. Hier geht es nicht um die Ausfilterung oder Ausblendung von Störgrößen. Dies käme in letzter Konsequenz dem geschilderten Kompensationsverhalten in der Reaktion auf komplexe, nichtlineare Herausforderungen gleich und führt somit zu einer trügerischen Stabilität, die erfolgreiches Agieren in einer komplexen Umgebung unterbinden würde. Die Aufgabe hier ist vielschichtiger: In der Reaktion auf externe und interne Komplexität müssen Strategie und nachfolgend Organisationen in der Lage sein, diese Impulse und Einflüsse aufzunehmen und den Innovationsprozess und seine Bestandteile so zu adaptieren, dass er nicht an Effektivität, Effizienz und Zielausrichtung verliert.

Somit lässt sich zusammenfassend formulieren:

- Innovationsmanagement kann als zentraler unternehmerischer Vorgang zur Wertschöpfung aufgefasst werden, gekennzeichnet durch die Umwandlung von individuellem und organisatorischem Know-How in Kundennutzen und Markterfolg.
- Change Management kommt die Aufgabe zu, Auswirkungen externer und interner Komplexität zu erkennen und so zu verarbeiten, dass (mittels eines Wandels von Strategie und nachfolgend in der Umsetzung der Organisation) die Innovationsfähigkeit von Unternehmen ge- bzw. verstärkt oder mindestens nicht geschwächt wird. Change Management kommt also eine wesentliche Rolle in der Erhaltung der innovativen Kraft eines Unternehmens zu, es bleibt also damit eine der wesentlichsten und vorrangigsten Aufgaben des Managements, um Unternehmen und Mitarbeiter zu befähigen, erfolgreich am Markt zu agieren.
- Differenzierung ist also das unterliegende Kernthema/Leitmotiv des eingeführten Modells. Es gibt genug Beispiele, in denen falsch differenzierte Strategien vehement scheiterten. Ridderstrale/Nordström [9], Förster/Kreuz [10] und vor allem Michael Porter [11], in seinen grundlegenden Arbeiten, haben dies wunderbar in ihren Büchern herausgearbeitet, gleichsam Manifesten in ihrer Forderung nach differenzierten Geschäftsmodellen und Strategien. Wie sollte sich auch ein Unternehmen mit im Vergleich zur Konkurrenz identischem Innovationsvermögen, organisatorischen Voraussetzungen und Strategien am Markt absetzen können? Wenn alle gleich agieren, resultiert zwangsläufig Mittelmaß, und dies birgt letztlich die größte Verwundbarkeit.

Mit Blick auf das Konkurrenzumfeld (letztlich als einem Element externer Komplexität) müssen Unternehmen ihre individuelle, differenzierte Identität in der Ausgestaltung von Innovations- und Change Management finden. Diese muss eine spezifische Antwort auf die Erfordernisse des geschäftlichen Umfeldes (Art des Industriesegmentes, des Marktes etc.) enthalten und kann nur erfolgreich sein, wenn man sich in einer vertieften und kompetenten Form mit dem Umfeld beschäftigt hat, um daraus ableiten zu können, wie ein differenzierter Ansatz aussehen muss. Vom Strategieprozess und seinen Protagonisten sollte gefordert werden, dieses zu leisten (mehr dazu später). Eine Übernahme von erprobten und in anderen Geschäftsbereichen bewährten Konzepten hilft hier nicht weiter und ist eher als gefährlich anzusehen, weil eben Differenzierung in anderen Umfeldern typischerweise anders aussehen kann bzw. wird. In diesem Zusammenhang muss die Tätigkeit von Beratern, die in der Regel eher einheitliche, unspezifische und selbstreferenzierende Konzepte ausrollen, eher kritisch beurteilt werden und kann eine

Lösung, die den jeweils vorliegenden Zustand des Unternehmens und die speziellen Anforderungen seines Geschäftsmodelles reflektiert, nicht ersetzen. Etwas anderes wird hier hoffentlich auch deutlich und wirkt sich umständehalber erschwerend aus. Letztlich (hier spiegelt sich eben die Arbeit mit Hypothesen wider) kann man nur auf Basis des Erfolges oder des Misserfolges rückwirkend die richtige Wahl des Differenzierungsansatzes belegen. Da man im modernen Umfeld gezwungen wird, mit Hypothesen zu agieren, besteht naturgemäß die Gefahr falscher Annahmen, die sich dann auf der Ergebnisseite in unzureichender Innovation ausdrücken. Innovation ist also per se nach diesem Verständnis mit Unsicherheit behaftet und dies im vielzitierten hochdynamischen und komplexen Umfeld mehr denn je. Dies ruft natürlich in vielen Fällen die Bewahrer des (kalkulierbaren) Status quo und die im englischen „Bean Counter" genannten Charaktere auf den Plan, deren Funktion und Selbstverständnis darin besteht, Risiken zu minimieren. Bis zu einem gewissen Grad ist Risikominimierung als internes Korrektiv zwingend notwendig, aber über einen kritischen Punkt hinaus würgt es die Innovation ab. In der Sprache unseres Modells gleicht dies falsch verstandenem Change Management: Kein Wandel ohne Risiko und Ungewissheit, denn sonst resultiert ein überausgeprägtes Vermeiden von Risiko im weitgehenden Verlust der Innovationsfähigkeit[5] [4]. Hier sei nochmals die Bedeutung der operativen Intelligenz betont, die eben gerade für eine richtige Ausgewogenheit von Risikofreude und „Bean Counting" sorgt und damit sicherstellt, dass Innovation und Change Management erhalten bleiben.

Abschließend sei noch ein möglicher Einwand angesprochen, der als Reaktion auf das eingeführte Modell aufkommen mag: Ist der schlussendliche Zweck der unternehmerischen Tätigkeit alleine der Markterfolg? Wie steht es etwa mit sozialer Verantwortung und der viel zitierten Corporate Governance? Zum einen bilden diese, ausgedrückt durch Rahmenbedingungen und Gesetze, nicht unwesentliche Teile der externen Komplexität, der sich ein Unternehmen stellen muss, zum andern aber kann langfristiger Markterfolg, und nur dieser sichert das Überleben und die Relevanz eines Unternehmens, nur eintreten, wenn diese Faktoren ausreichend adressiert und im Aktivitätensystem eines Unternehmens verankert sind. Hat nicht gerade kurzfristig angestrebter Erfolg zu den schlimmsten Verwerfungen im Bereich „Corporate Governance" geführt? In diesem Sinne bleibt das eingeführte Modell über Innovation und Change Management absolut ausreichend, um die wesentlichen Determinanten der unternehmerischen Wertschöpfung zu beschreiben.

---

[5] Bob Lutz geht in seinem Buch „Car Guys vs. Bean Counters" sogar so weit, den Niedergang der amerikanischen Industrie auf diesen Mechanismus zurückzuführen.

Zentrale Innovationstreiber – genauere Betrachtung und Modellerweiterung

Bisher wurde Innovation als Transformation von Know-How zu Kundennutzen nicht weiter detailliert und bewusst als zunächst unkonkretisierter Begriff beibehalten, um nicht den Fokus auf das Gesamtmodell zu „verwässern". An dieser Stelle sollen jetzt mehr Details besprochen werden, um dem Konzept mehr Tiefe zu verleihen und es letztlich mit Blick auf Innovationsmanagement und Produktentwicklung auch besser umsetzbar zu machen.

Innovation baut auf drei Grundelementen auf: Kundenverständnis, Technologie und Design. Betrachtet man erfolgreiche, herausragende Produkte (oftmals auch ikonische Produkte genannt), so lässt sich immer eine gesunde Balance dieser drei Elemente einer Produktarchitektur feststellen; sicherlich nicht immer zu gleichen Anteilen, aber gewiss auch nur in Ausnahmefällen in einseitiger Ausprägung. Es ist hierbei in letzter Instanz irrelevant, welches der drei Elemente den Beginn des Prozesses markiert; wesentlich ist, dass alle adressiert werden. Wir betrachten die einzelnen Begriffe und damit verbundenen Inhalte in späteren Kapiteln in detaillierter Form, wollen aber hier zum besseren Verständnis schon etwas mehr in die Tiefe gehen.

Kundenverständnis sollte sich als Begriff relativ einfach erschließen und unmittelbar verständlich sein. Stellt Kundennutzen ein Endziel unternehmerischer Tätigkeit dar, so sollte man wissen, worauf dieser beruht und auf welcher Basis man ihn erzeugen kann. Heißt dies nun, dass man seinen Kunden befragen sollte, wie ein Produkt auszusehen hat? Nicht unbedingt – man liefe Gefahr, nur eine Information zu erhalten, die sich aus einer neuen Zusammensetzung bekannter Produktelemente speist. Kundenverständnis sollte immer im Blick haben, zumindest zu antizipieren, welche neuen (oder auch bekannten) Bedürfnisse für den Kunden in der Zukunft relevant werden können. Auch hier kommt es wieder auf eine Extrapolation an. Auch hier begegnen uns die Arbeit mit Hypothesen und der Ruf nach Differenzierung. Gerade die ausschließliche Arbeit mit Fokusgruppen und

D. Freund, *Wertschöpfende und innovationsorientierte Unternehmensführung*, DOI 10.1007/978-3-642-39918-3_3, © Springer-Verlag Berlin Heidelberg 2013

Kundenbefragungen garantiert den Weg ins austauschbare Mittelmaß. Steve Jobs wird nachgesagt, dass er Fokusgruppen grundsätzlich ablehnte und konsequent vermied; nichtsdestotrotz (oder im Sinne des oben dargestellten gerade deswegen) würde niemand anzweifeln, dass sich Produkte von Apple geradezu in beispielgebender Weise durch Kundenverständnis auszeichnen. Eben an diesem Beispiel zeigt sich nochmals, dass tiefgehendes Kundenverständnis ein Produkt begehrlich macht und somit die Grundlage für Erfolg legt.

Design als Begriff und Disziplin findet man oftmals im allgemeinen Verständnis trivialisiert und dadurch in seiner Anwendung in letzter Konsequenz vergleichsweise ungenutzt. Design hat nicht nur die ihm gerne ausschließlich zugewiesene Funktion, Produkte schöner, ergonomischer, also ästhetisch ansprechender und handhabbarer zu machen. Sicherlich sollte gutes Design diesen Anspruch auch erfüllen, aber es geht letztlich weit darüber hinaus. In seiner ursprünglichen Bedeutung leitet sich „Design" von „designare" ab [12], was man mit „Dingen eine Bedeutung geben" übersetzen kann, und dies beschreibt sehr treffend die Rolle, die modernem Designverständnis zukommt. Sicherlich lässt sich nicht mit jedem Produkt eine neue „Bedeutung" erschaffen, aber gutes Design gibt Produkten Charakter, Integrität und schon auf den ersten Blick eine markante Einzigartigkeit in einem Markenkontext und seinem Konkurrenzumfeld. Etwas weiter gefasst, oft auch als Design Thinking bezeichnet, erhält Design aber auch eine tragende Rolle in der Art und Weise, Problemlösungen anzugehen, und kann damit in diesem Kontext eine wesentliche Rolle zur Differenzierung von Lösungen eines aus Kundenverständnis resultierenden relevanten Problems spielen.

Technologie kommt die naheliegende und offensichtliche Rolle zu, im Einklang mit Kundenverständnis und Design konkrete Produktgestaltung und funktionale Realisierung zu ermöglichen. Wohlgemerkt im Einklang, sodass sich Technologie nie zum selbst-referenzierenden Parameter entwickelt und somit vermeidet, wie so oft, am Bedarf vorbei zu operieren. Selbstverständlich darf Technologie auch nicht den ökonomischen Kontext ignorieren. Ihr kommt die zentrale Aufgabe zu, Kundenverständnis und Design zu vorteilhaften Kosten und Investitionen in Produkte zu integrieren und diese damit für Kunden und Unternehmen überhaupt erst erschwinglich zu machen. Gerade dieser Aspekt zeigt die enge Verknüpfung von Kundenverständnis, Design und Technologie: Während die beiden erstgenannten alleine in der Regel (ohne technologischen „Point of Difference") nicht in der Lage sind, herausragende Produkte zu erzeugen, so gilt dies in analoger Form auch für Technologie alleine, die, isoliert betrieben, stets Gefahr läuft, den falschen Kontext zu adressieren.

Es existiert eine beträchtliche Menge an Literatur, die sich der Frage widmet, welche Relation und Priorität Kundenverständnis, Technologie und (in geringerem

Maße Gegenstand der Diskussion) Design zueinander haben. Natürlich findet man diese Vielfalt von Ansätzen auch in Unternehmen wieder, die sogar oftmals ihre Unternehmenskultur zentral darauf aufbauen bzw. vorgeben, diese darauf aufzubauen. Man begegnet der Schule des „Consumer Pulls" (alles folgt dem Kunden), des „Technology Pushs" (Technologie setzt den Kontext fest), der „Idea-led Innovation" (die Idee steht am Anfang und alles andere ordnet sich dem Diktat der Idee unter, egal wie wenig realisierbar diese zunächst sein mag). Interessanterweise taucht Design in all diesen Diskussionen entweder gar nicht auf oder wird fälschlicherweise der Technologie zugeordnet. Als weitaus gravierender kann allerdings angesehen werden, dass oftmals versucht wird, eine Art Spannungsfeld oder Gegensatz zwischen Konsumentenverständnis und Technologie aufzubauen. Dies reicht sogar teilweise soweit, eine kontroverse Diskussion um die Ausrichtung von Kernkompetenzen in Unternehmen zu befeuern.

Gerade Konsumgüterunternehmen neigten lange dazu, das Konsumentenverständnis als einsame Priorität zu sehen und infolgedessen Technologie eine geringere Bedeutung einzuräumen. Letztlich verwundert dies: Gerade im Bereich von z. B. Windeln, Waschmitteln oder Rasierern kann davon ausgegangen werden, dass Konsumentenbedürfnisse industrieweit weitgehend einheitlich bekannt sein sollten und auch keinen großen Änderungen unterworfen sind, sodass sich eigentlich nur noch mittels überlegener Technologie oder Design eine ausreichende Differenzierung (entweder mit Blick auf die Leistungsfähigkeit eines Produktes oder seine Kosten, idealerweise natürlich beides) am Markt einstellen kann. Interessanterweise rückt jetzt auch in diesen Produktkategorien Design mehr und mehr ins Zentrum der Diskussionen, wogegen Technologie ein eher ruhiges Dasein führt, was möglicherweise den Schluss nahelegt, dass diese sich in diesen Kategorien am Ende des Lebensdauerzyklus befindet und sich nur noch mit vergleichsweise hohem Aufwand Fortschritt einstellen kann. Klassische Technologieunternehmen versagen im Gegensatz dazu oft in der kundenrelevanten Ausrichtung ihrer Kerntechnologien (und sind somit im Sinne unseres Modells nicht innovativ!).

Letztlich ist es alleine ausschlaggebend, eine Fähigkeit zu entwickeln, die sich dadurch auszeichnet, dass sie Kundenverständnis, Design und Technologie abhängig vom Einzelfall in einen ausgewogenen Kontext zu stellen vermag und damit ermöglicht, in der verlangten individuell differenzierten Form den Umsetzungsprozess von Know-How in Kundennutzen zu gestalten und somit am Markt erfolgreich sein zu können. Dies erfordert neben den richtigen Kernkompetenzen auch einen Innovationsprozess, der in der Umsetzung sicherstellt, dass kundenbezogene Entwicklungsschritte, Design und Technologieentwicklung vom Ablauf her optimal abgestimmt verlaufen.

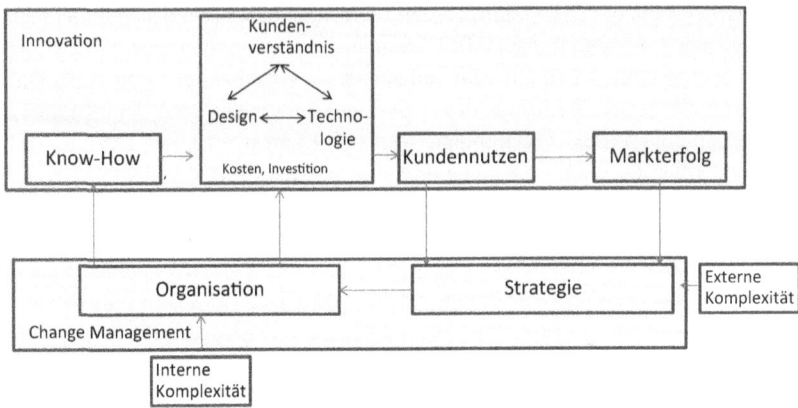

Abb. 3.1 Vorläufige Endform des Modells der unternehmerischen Wertschöpfung

Auf Basis dieser Betrachtungen soll jetzt unser Basismodell in die Endform (Abb. 3.1) gebracht werden, um darauf im weiteren Verlauf immer wieder zu referenzieren.

Die nächsten Kapitel werden die Einzelelemente dieses Modells weiterführend und detaillierter diskutieren, um ihre Rolle im Gesamtmodell inhaltlich besser fassen zu können und damit eine bessere Abstimmung im Gesamtverständnis ihrer Beiträge zu Innovation und Change Management zu ermöglichen, die in einer praktischen Umsetzung hoffentlich dazu führt, einige der gängigen Missverständnisse und Unzulänglichkeiten im Unternehmensalltag zu relativieren und idealerweise natürlich zu vermeiden. Hier kann und soll kein Universalvorgehen vorgeschlagen werden: Kernforderung bleibt eine differenzierte, auf das individuelle Unternehmensumfeld abgestimmte Implementierung des Modells. Diese hängt natürlich in erheblichem Maß vom Industriesegment ab, in dem sich ein Unternehmen und sein Konkurrenzumfeld angesiedelt haben und von der Fähigkeit der Unternehmensprotagonisten, das Wechselspiel von Innovation und Change Management zur Bewältigung eines komplexen Umfeldes vorteilhaft zu beherrschen und damit konstruktiv im Sinne unternehmerischer Wertschöpfung umzugehen.

Kernkompetenzentwicklung 4

Fast schon selbstverständlich nehmen Know-How und, etwas präziser formuliert, Kernkompetenzen in unserem Modell eine grundlegende Funktion ein. Sie repräsentieren letzten Endes den individuellen Ausgangspunkt des Beitrages eines Mitarbeiters zum Unternehmen und seinen Zielen. Die Bedeutung eines Mitarbeiters bemisst sich nach seinen Kernkompetenzen, und seine Zufriedenheit mit der Arbeit im Unternehmensumfeld hängt umgekehrt wesentlich von der Wertschätzung seiner Kernkompetenzen ab, die zu einem gewissen Grad immer auch stark auf seinen Persönlichkeitsmerkmalen aufbauen. Gemäß unserem Modell dürfen Kernkompetenzen, die ein Unternehmen benötigt, keine statische Rolle einnehmen. In einem sich dynamisch ändernden, an Komplexität zunehmenden Umfeld, muss ein kontinuierlicher Adaptionsprozess ablaufen. Ohne eine Abbildung der strategischen Zielrichtungen auf die organisatorische Ebene (und damit zu einem guten Teil eben auch auf die individuelle Ebene) bleibt Change Management erfolglos. Gefährliche Stagnation lässt sich nur durch die Erweiterung und den Ausbau von Kernkompetenzen vermeiden.

Aus dem Umfeld von Unternehmen erhält man in der Regel wenig öffentlich vollständig zugängliche Information über Methoden und spezifisch implementierte Grundsätze zur Personalentwicklung und Kompetenzausbildung. Auf Basis eigener Erfahrungen und Gesprächen mit Mitarbeitern verschiedener Unternehmen lässt sich allerdings ein Bild zusammensetzen, das nahelegt, dass dieses Gebiet trotz aller wohltönenden Bekenntnisse durchaus als noch entwicklungsfähig bezeichnet werden kann. Oftmals fällt individuelle Entwicklung unternehmenspolitischer- oder kultureller „Ultima Ratio" zum Opfer, oder unterliegt, noch schlimmer, zeitgeistigen Moden und Schlagwörtern. In der Summe führt all dies selten zum Ziel, nämlich einen überlegenen Wertschöpfungsprozess zu etablieren, der auf individuellen, optimal eingesetzten Spitzenleistungen beruht und vermeidet, dass Unternehmen letztlich ins Mittelmaß abdriften.

D. Freund, *Wertschöpfende und innovationsorientierte Unternehmensführung*,
DOI 10.1007/978-3-642-39918-3_4, © Springer-Verlag Berlin Heidelberg 2013

Wenn es also darum geht, Spitzenleistungen auf Basis richtig eingesetzter Kompetenzen zu erzielen, dann liegt es nahe, sich einen Bereich anzuschauen, dessen Methoden und Ansätze im Brennpunkt der öffentlichen Meinung stehen: den Leistungssport. Werfen wir einen Blick darauf. Streng analog geht es auch hier darum, Spitzenleistung in überlegener Form zu generieren, um ein Ziel zu erreichen, seien es Siege oder Rekorde. Es lohnt sich also, zumindest zu Anfang dieses Kapitels einen Blick auf Elemente des Trainings von Sportlern und auf grundlegende Anforderungen zu werfen. Gerade Sportarten, in denen Einzelsportler oder Mannschaften gegeneinander antreten, bieten sich als Analoga[1] für wirtschaftliche Zusammenhänge an, unterliegen sie doch einem prinzipiell ähnlichen Grundmechanismus wie unser im letzten Kapitel eingeführtes Modell des Wirtschaftens. Um was geht es in diesen Sportarten grundsätzlich? Letztlich um Erfolg in einem eingeschränkten Rahmen, den die Regeln der Sportart ziemlich genau fassen. Es spielt keine große Rolle, ob ein Tennisspieler in der Lage ist, den Weltrekord im Hochsprung einzustellen, wenn es darum geht, im Sprung auch noch den Ball zu treffen und zu punkten. In Sportarten mit direktem Wettkampf zwischen Gegnern entscheiden zwei Dinge weitestgehend über Sieg und Niederlage: zum einen spezifische, für die Sportart relevante Stärken optimal zum Einsatz zu bringen und zum andern das Vermögen, sich taktisch und strategisch so an Aktionen des Gegners, der umgekehrt auf Grundlage seiner Stärken dominieren will, anzupassen und dies im eigenen Spiel zu reflektieren, um langfristig die Oberhand zu behalten. Auch hier begegnen wir einem Wechselspiel aus ergebnisorientierter Umsetzung von Fähigkeiten (vgl. Innovation) und einem (sehr schnellen, teilweise innerhalb eines Ballwechsels) Rückkopplungsmechanismus (vgl. Change Management), dessen Qualität maßgeblich bestimmt, wie sich Erfolgsaussichten in einem Spiel entwickeln. Man kann auch ein Phänomen beobachten, das der geschilderten organisatorischen Entropie gleichkommt. Oftmals bleiben Sportler nach Erfolg ihrem erfolgreichen Spielmuster zu lange treu, welches schon perspektivisch Gefahr läuft, unterlegen zu sein, betonen Elemente dieses Musters zu stark und verlieren durch diese selbst zu verantwortende Komplexität und Trägheit die Fähigkeit zur Weiterentwicklung und zum Erfolg. Große Sportler zeichnen sich gerade durch ihre Fähigkeit zur Weiterentwicklung aus: Roger Federer mag hier als Beispiel dienen, der immer betont, wie sein eigenes Spiel vom Auftreten Rafael Nadals und der erforderlichen Reaktion auf dessen Stärken, profitiert hat (wohlgemerkt zu einem Zeitpunkt, an dem Federer schon lange an der Spitze der Weltrangliste stand). Hat Federer sein Spiel deswegen grundlegend verändert? Sicherlich nicht, er hat immer noch seine Stärken in den

---

[1] R. Sprenger hat in [38] bereits Analogien zwischen dem Fußball und dem Managementprozess herausgearbeitet.

gleichen Gebieten wie damals, ergänzte sie pointiert um neue Elemente und bringt sie dadurch heute anders zum Einsatz, um mit Nadal (und neuerdings auch Djokovic und Murray) Schritt halten zu können. Change Management in Perfektion, das ihn wohl auf Sicht zum besten Tennisspieler aller Zeiten machen dürfte.

Bleiben wir noch einen Moment beim Tennis, um grundlegende Zusammenhänge in Verbindung mit Kompetenzen herauszuarbeiten. Würde man eine Umfrage platzieren, in der die Befragten definieren sollten, was einen guten Tennisspieler ausmacht, so wäre das Ergebnis vermutlich ernüchternd einfach strukturiert. Die Mehrzahl der Umfrageteilnehmer würde vermutlich betonen, dass man gute Schläge, herausragende Athletik und ein gutes taktisches Vermögen in aufeinander abgestimmter Form dazu braucht. Wohlgemerkt, niemand muss überall perfekt sein; die Abstimmung entscheidet. Baut ein Spieler sein Spiel über Serve & Volley auf, so muss er andere athletische und auch taktische Ausprägungen haben als etwa ein reiner Grundlinienspieler. Es geht also darum, mittels dieser Abstimmung gerade die individuellen Stärken so zum Einsatz zu bringen, dass sich Erfolg einstellen kann. Man mag fragen, warum in dieser Betrachtung so wenig über Schwächen geredet wird. Letztlich sind diese weniger entscheidend, als man denken mag: Es geht lediglich darum, zu vermeiden, dass die Schwächen die Stärken nicht „herunterziehen" oder kompensieren, aber niemals darum, Schwächen in Stärken umzuformen. Rafael Nadal wird niemals zum Serve & Volley-Spiel überwechseln. Er kann allerdings durchaus passabel vollieren, wenn es die Umstände erfordern. Versuchen wir daraus etwas für die Rolle von Kompetenzen und Know-How im wirtschaftlichen Kontext abzuleiten: Auch hier geht es darum, Kompetenzen auszubilden und diese in einem durch das Geschäftsmodell festgelegten Rahmen so einzusetzen, dass sie als Stärken optimal zur Geltung kommen, um in einem Wettbewerbsumfeld erfolgreich zu bestehen. Schwächen müssen solange akzeptiert werden, wie sie Stärken nicht beschneiden oder einschränken (das heißt, dass man sie explizit zulässt und bis zu einem gewissen Punkt toleriert). Implizit schwingt hier aber noch etwas, zunächst trivial klingendes, aber in seiner Funktion Elementares mit: Wenn man in der Lage sein will, in einem Umfeld erfolgreich zu agieren, dann muss man dieses genauestens kennen. Nur dann kann man Veränderungen und Anforderungen (= gegnerische Manöver) korrekt wahrnehmen und flexibel darauf reagieren. Wie vielen Sportlern gelang es, von einer Sportart, in der sie herausragende Leistungen erbrachten, in eine andere Sportart mit unvermindertem Erfolg zu wechseln? Nicht gerade vielen, und der Grund dafür lässt sich genau benennen: Ein Wechsel in ein neues Umfeld erfordert, selbst bei besten Voraussetzungen, eine Lern- und Erfahrungskurve, die sich, möglicherweise partiell (z. B. Agieren in psychisch anspruchsvollen Wettkampfsituationen), aber nie hinreichend aus Erfahrungen und Fähigkeiten eines anderen Gebietes ableiten lassen.

Es gibt umfangreiche Literatur, die untersucht und beschreibt, was es erfordert, um „Perfektion" zu erreichen. Herausragendes Können und darauf aufbauende Erfahrung in einer Disziplin erreicht man mit einem Aufwand von etwa 10.000 h Training/Übung der fundamentalen Elemente eines Sportes oder einer anderen Profession [13]. Interessanterweise taucht dieser Zeitraum als Konstante, unabhängig vom Gebiet, in einem weiten Feld von Sport bis hin zu den bildenden Künsten auf. Was bedeutet dies nun für Mitarbeiter eines Unternehmens? Unter Annahme einer Arbeitszeit von 8 h pro Tag, 5 Tagen pro Woche und 52 Wochen pro Jahr entsprechen 10.000 h einem Zeitraum von 250 Wochen, also etwa 5 Jahren. In der Praxis verbringt man sicherlich nicht 8 volle Stunden pro Tag ununterbrochen mit Training, sodass sich der Zeitraum noch verlängert. Gerne werden auch 10 Jahre zitiert, was einem täglichen Aufwand von 4 h entspräche und der Realität durchaus nahekommen könnte. Colvin führt in seinem Buch „Talent is overrated" das Konzept der „Deliberate Practice" ein, das letztlich diesen Trainingsaufwand beschreibt. In seiner Konsequenz bedeutet dies, dass es einen langen Zeitraum erfordert, um in einem Umfeld wirklich Expertise aufzubauen. Wenn man etwa in manchen wirtschaftlichen Bereichen von Produktentwicklungs- und -einführungszyklen in der Größenordnung von drei bis vier Jahren ausgehen muss, so bedeutet dies zwangsläufig, dass man mehrere davon zur Ausbildung tiefer Kompetenz durchlaufen sollte. Man mag argumentieren, dass für diese „Trainingsphase" auch eine Ausbildung oder ein Studium herhalten kann, vergisst aber dabei, dass diese bestenfalls dem Aufbau des grundlegenden Rüstzeugs dienen und ein erfolgreiches und kompetentes Arbeiten in einem beruflichen Umfeld eines Unternehmens auf Basis eines spezifischen Geschäftsmodells erst (mühsam) erlernt werden muss.

Wie sieht demgegenüber die betriebliche Realität aus? Beginnen wir mit der Begriffsbildung: Mitarbeiterauswahl, -weiterbildung und -entwicklung wird weitverbreitet auch gerne „Talent Management" genannt. Im Lichte der obigen Ausführungen erscheint dies als Wortwahl, die zu Missverständnissen führen kann. Talent darf niemals im Zentrum von Mitarbeiter- und Kompetenzentwicklung stehen, wie Colvins Untersuchungen eindrucksvoll zeigen. Betrachten wir wieder den Sport: Wenn man von Talent redet, dann erst einmal wieder nur in klarer Verbindung mit einer spezifischen Sportart; niemand käme auf die Idee, ein Talent einer Fußballakademie für einen längeren Zeitraum auf etwa ein Tennisinternat zu schicken, um seine weitere Entwicklung zu unterstützen. Es gibt aus gutem Grund keine Akademie zur Förderung allgemeiner leistungssportlicher Talente. Wo begegnet uns der Begriff des Talentes noch? Vornehmlich eben nur im Zusammenhang mit Nachwuchsförderanstalten und gewiss in der Regel gerade nicht vornehmlich dort, wo Spitzenleistungen erbracht werden. Im Spitzensport zählt letztlich nur eines – und dies sind Leistung und Ergebnisse. Gerade der Sport hat den Begriff vom „ewigen Talent" geprägt, welches den Schritt zum erfolgreichen Sportler nie geschafft hat. Talent gleicht einer Grundvoraussetzung, nicht mehr und nicht weniger; nur gepaart mit der Fähigkeit, hart zu arbeiten und Erfahrungen umzusetzen, kann sich daraus mehr entwickeln.

Betrachten wir nun eine weit verbreitete Form von Personalbeurteilungssystemen. Hier finden wir oft eine „zweidimensionale" Bewertung von Leistung bzw. Ergebnissen und Potenzial in einer weitestgehend gleichgewichteten Form. Sicherlich ist es angemessen, sich über das Potenzial (verstanden als die Fähigkeit, in einem Gebiet herausragende Leistungen bringen zu können) eines Mitarbeiters zu verständigen, etwa ob er zur Führungskraft oder zur herausgehobenen Fachkraft reifen kann oder ob er einfach weiterhin seine gegenwärtige Tätigkeit ausführen sollte. Ausschlaggebend für alle weiteren Schritte können aber nur seine erbrachte Leistung und die so erzielten Beiträge zum Unternehmenserfolg sein. Über Resultate (positive wie negative) gewinnt man wertvolle Erfahrungen und erhöht gerade dadurch (nach Colvins Prinzip der „Deliberate Practice") weiter sein Potenzial, im Sinne des Unternehmens zum Kundennutzen und Markterfolg wertschöpfend entscheidende Beiträge beisteuern zu können. Hier sollte man aufpassen, dass sich gerade die Bewertung des Potenzials nicht verselbstständigt. Potenzial darf nie als Konstante für sich stehen; Resultate und Erfahrung beeinflussen es erheblich. Zur Verdeutlichung sei wieder ein kurzer Exkurs in die Welt des Sports erlaubt: Es kommt nicht von ungefähr, dass gegenwärtig nur ganz wenige Spieler im Alter unter 20 Jahren in den Top 100 der Tennisweltrangliste der Herren stehen. Als Grund dafür führt die Fachwelt die entscheidende Rolle von Erfahrung in einem sich spieltechnisch und physisch immer anspruchsvoller entwickelnden Sport an. Junge Talente müssen diese erst einmal aufbauen, und das darauf aufbauende Können versetzt sie später in die Lage, in der Weltspitze mitzuspielen.

An dieser Stelle mag die Frage aufkommen, ob die obige Argumentation auch für Führungskräfte gilt. Vielfach sieht man diese zwischen verschiedensten Industriezweigen und -kategorien wechseln, auch innerhalb von Unternehmen gehört es zum guten Ton und den Gepflogenheiten der Führungskräfteausbildung, verschiedenste „Assignments" durchlaufen zu haben, oftmals gestützt durch das Argument, von Führungskräften erwarte man nicht unbedingt Detailwissen. Hier bahnt sich eine gefährliche Entwicklung an: Sicherlich nehmen Führungskräfte eine eher lenkende und koordinierende Funktion ein, aber gerade dies erfordert (vielleicht sogar mehr als Sachbearbeiterrollen) einen Grundschatz an Erfahrungen im Umgang mit spezifischen Details des Geschäftsfeldes, ohne den Lenkung und Koordination nie produktiv denkbar sind. Zeichnet sich die Rolle der Führungskraft nicht zuletzt durch ein verstärktes Maß an Entscheidungsfindung aus? Sind gute Entscheidungen ohne Erfahrungshintergrund im jeweiligen Umfeld, das durch die Entscheidung

beeinflusst wird, denkbar? Sicherlich eher nicht! Eine der wichtigsten Aufgaben
einer Führungskraft liegt im Bereich der Organisationsformung und -entwicklung,
um die individuellen Stärken von Mitarbeitern optimal zum Einsatz zu bringen und
im Change Management eine Organisation an neue Anforderungen möglichst rei-
bungslos anzupassen. Auch hier ist es schwer vorstellbar, dass sich diese Aufgabe
ohne Kenntnis des Umfeldes und ohne Erfahrungshintergrund im Kompetenz-
bereich der Organisation (oder allgemein: Den spezifischen Anforderungen und
Charakteristika des Business und des Businessmodells) erfolgreich meistern lässt.
Der Sport lebt es wieder vor: Der Führungskraft im oben beschriebenen Sinne
gleicht am ehesten der Trainer im Mannschaftssport und gerade dieser hat in der
überwiegenden Zahl der Fälle selbst (gemessen am Durchschnitt) eine durchaus
erfolgreiche Vita im Sport – und mit Sicherheit kommen die Trainer so gut wie
nie aus anderen Sportarten! Halten wir es nochmals fest: Mitarbeiter wie Führungskräfte brauchen Erfahrungen in ihrem Businessumfeld (dokumentiert durch
Ergebnisse[2]), um herausragende Leistungen erbringen zu können.

Dieser erfahrungszentrierte Ansatz steht vielfach im Widerspruch zu gängigen
Gepflogenheiten des Talent Managements. Man trifft oft standardisierte Kriterien
an, die als Basis der Rekrutierung, Schulung und der weiterführenden Potenzial-
bewertung dienen. Ihrer Natur nach (sonst könnte man nichts standardisieren)
stellen diese Kriterien eine Generalisierung dar, mittels derer gerade Großkon-
zerne eine übergreifend vereinheitlichte Personalsteuerung ermöglichen wollen.
Im Grundsatz kann man dagegen nichts einwenden, solange sich diese Kriterien
nicht verabsolutieren und mehr und mehr jene spezifischen Erfordernisse verschiedener Businessbereiche verdrängen oder depriorisieren, die, wie schon mehrfach
betont, unterschiedliche Anforderungen stellen und sich damit grundsätzlich einer
Vereinheitlichung entziehen.

Dies kann gerade sehr schnell geschehen, wenn man z. B. die Rekrutierungs-
tätigkeit zentralisiert[3], da dann schon die dafür zuständige Person keine tiefen
Kenntnisse des Businesskontextes haben kann.

Generell läuft man in der Arbeit mit diesen standardisierten Kriterien Gefahr,
sich einen sehr uniformen Mitarbeitertyp zu selektieren und heranzuziehen, eben
eine Art gemeinsamen Nenner auf Basis der Standardanforderungen (und gefährdet damit nebenbei schon zu Beginn die notwendige Vielfältigkeit der Individuen
in einer Organisation). Vielfach handelt es sich dabei um das Vermögen, auf

---

[2] Dazu gehören auch Misserfolge: Nicht umsonst weisen viele Sportler darauf hin, dass gerade
Misserfolge ihnen einen Sprung auf die nächste Leistungsebene ermöglicht haben.

[3] Dies ist ohnehin ein fragwürdiger Ansatz. Was würde man etwa davon halten, wenn Bayern München seine Spieler für Basketball und den Fußballbereich zentral rekrutieren und
selektieren würde?

Basis von Daten, Detailanalysen und Szenariobewertungen Schlussfolgerungen zu treffen. Erfahrung, Leidenschaft und Faszination für ein bestimmtes Geschäftsfeld bleiben gerne unterbewertet. Eigentlich müssten gerade so rekrutierte Mitarbeiter eine besonders lange Lernkurve in einem Business durchlaufen[4], vielfach glaubt man aber, diese durch eine Rotation durch verschiedene Assignments ersetzen zu können, und etabliert damit eine generalistisch geprägte Kultur anstelle einer Erfahrungskultur. Wie geschildert drückt sich dies in einer übermäßigen Fixierung auf datengestützte Standardmethoden aus, mit denen man versucht, Expertise und Erfahrung zu ersetzen. Dies verkompliziert erfahrungsgemäß Abläufe, verlangsamt Entscheidungen und unterliegt dem Irrtum, Denkmuster von Business zu Business einheitlich transferieren zu können. Letztlich bringt dies wieder das im vorletzten Kapitel geschilderte Dilemma zum Ausdruck: Man kommt in ein Umfeld, das spezifische und neue Anforderungen stellt, reagiert aber mit dem kompensatorischen Reflex, Unwissenheit durch eine Überfixiertheit auf bewährte Denkmuster und Verhalten zu neutralisieren. Treten im Bereich von Sachbearbeitern die Auswirkungen dieser Unzulänglichkeiten noch recht schnell im Rahmen ihrer Arbeitsergebnisse zutage und bieten somit die Möglichkeit zur unmittelbaren Korrektur, so dauert dies im Bereich von Führungskräften sehr viel länger. Diese werden primär an den Folgen ihrer Entscheidungen gemessen und bis diese sich feststellen lassen, geht oft einige Zeit ins Land. Projekte, organisatorische Abläufe und auch der Organisationsaufbau leiden derweil vielfach unter der mangelnden Fähigkeit der Führungskraft, produktiv in einem Businesskontext zu arbeiten. Die vielfach geschmähte „Analysis Paralysis" schlägt hier voll durch. Um nochmals Daniel Kahnemann zu zitieren: Die Qualität von Entscheidungen nimmt mit zunehmenden Datenmengen ab, nicht zu. Blicken wir wieder zum Sport: Auch hier sehen wir einen zunehmenden Einsatz von Statistik, Videoanalysen und ähnlichen Hilfsmitteln, eben Daten jedweder Ausprägung. Schlussendlich aber ist noch niemand auf die Idee gekommen (oder hat diese zumindest noch nicht umgesetzt), einen Datenanalytiker zum Trainer zu befördern. Noch immer trifft der Trainer die Entscheidungen und hat die Verantwortung, aus seiner Mannschaft und den Stärken seiner Spieler das Beste herauszuholen. Genauso verhält es sich mit Führungskräften und hierzu braucht man Expertise, Erfahrung und ein gutes Stück Bauchgefühl, die in dieser Mischung eben jene operative Intelligenz ausmachen, die schon im Eingangskapitel gefordert wurde, und die man eben nicht über ausgezeichnete Noten testiert bekommt und die auch nicht per se aus Jobrotation resultiert, solange diese nicht erlaubt, kritische Erfahrungen für ein bestimmtes Business aufzubauen.

---

[4] Oftmals ist dies nicht im Eigeninteresse dieses Mitarbeitertyps, der möglichst schnell die Sprossen der Karriereleiter erklimmen möchte.

Richtig verstandene Jobrotation leistet dagegen einen wertvollen Beitrag zum Aufbau von Vielfältigkeit im Unternehmen und hat damit durchaus zentrale Bedeutung für das Change Management. Dazu bedarf es aber einer kompetenten Planung dieser Assignment-Wechsel, was wiederum voraussetzt, dass die planende Person selbst ausreichend kompetent in der Kenntnis um die Erfordernisse des Business ist. Dies wird besonders kritisch, wenn Assignments von Fachfunktionen geplant werden und nicht vom Geschäftsfeld selbst.[5] Je diversifizierter ein Unternehmen aufgebaut ist, umso weniger macht diese zentralistische Steuerung überhaupt auch nur ansatzweise Sinn. Sobald Jobrotation oberflächlicher Planung unterliegt, erweist man dem Mitarbeiter keinen Dienst (und dem Geschäft schon gar nicht): Er verliert nicht nur Zeit, in einem Gebiet tiefgreifende Erfahrung zu akkumulieren, sondern läuft sogar Gefahr, irrelevante Erfahrungen zu machen. Sicherlich baut er seine Fähigkeit aus, sich in einem neuen Umfeld bis zu einem gewissen Punkt schnell zurechtzufinden, letztlich findet der Mitarbeiter sich aber in einer Situation wieder, in der er nichts richtig kann.

Es tut gut, sich hier nochmals vor Augen zu führen, dass man die unternehmerische Tätigkeit recht einfach beschreiben kann: Auf Basis einer Strategie und Kernkompetenzen muss Kundennutzen entstehen. Dies erfordert Produktentwicklung, -fertigung, Marketing und Verkauf. Jemand muss die Finanzen in Ordnung halten, damit Produkte auch zum Unternehmenserfolg führen, und natürlich muss jemand den Prozess des Change Management steuern und umsetzen. All diese Tätigkeiten laufen vor dem spezifischen Hintergrund eines Business ab und profitieren wesentlich von Erfahrung und spezifischer Kompetenz. Die einzige Ausnahme bildet der Bereich Finance & Accounting (F & A). Nicht, dass man hier völlig ohne Bezug zum Geschäft operieren könnte, aber die sehr gut generalisierbaren Prinzipien des Finanzwesens erlauben einen anderen Ansatz.

Ob es gefällt oder nicht (und unpopulär ist es allemal): Analog zum Sport kann man es nur als sinnvoll ansehen, wenn Mitarbeiter ein Stammbusiness besitzen, auf dessen Grundbelangen sie trainiert und entwickelt werden. Dies macht zwar einen Wechsel zwischen unterschiedlichen Geschäftsbereichen problematisch[6], bildet

---

[5] Letztlich bringt dies zum Ausdruck, dass man glaubt, die Fachfunktion könnte Personalfragen besser adressieren als das Business selbst (höchst problematischer Irrtum), oder dass die Führung des Business selbst seine Notwendigkeiten nicht erkennen und verarbeiten kann (fatale Situation).

[6] Interessanterweise sieht jeder die Probleme eines Wechsels von etwa R & D in den Verkauf und genau deshalb erfolgt dieser in der Regel nicht. Oftmals wäre ein solcher Wechsel innerhalb eines Geschäftsfeldes sinnvoller als ein Wechsel von R & D für Waschmittel zu R & D für Elektrokleingeräte. Letztlich ist die Sichtweise, ein Business wie eine Fachfunktion zu behandeln, gar nicht so absurd.

aber letztlich den einzig denkbaren Weg, Kompetenzen und Exzellenz zu formen, nicht zuletzt auch wegen des erforderlichen zeitlichen (und oft auch finanziellen) Investments. All dies würde verpuffen, wenn man den Mitarbeiter in einem anderen Umfeld wieder gleichsam an den Beginn der Lernkurve setzt. Aber auch der Mitarbeiter profitiert davon. Wechselt er in kurzen Abständen das Umfeld, so kommt er unweigerlich an einem Punkt in die unschöne Situation, in der er sich fragt, was er denn abseits einiger generalistischer Fähigkeiten eigentlich wirklich erkennbar gelernt oder geleistet hat. Besonders schlimm wird es, wenn die Wechsel so schnell erfolgen, dass der Mitarbeiter die Auseinandersetzung mit den Ergebnissen seiner Tätigkeit gar nicht mehr führen kann bzw. muss.[7] Man beraubt ihn dadurch gerade eines essenziellen Elementes zur Ausbildung stärkerer Kompetenzen und verhindert, dass sich Erfahrung aufbaut, kurzum, man beschneidet den Mitarbeiter der Möglichkeit, sich zu verbessern.

Der Sport bietet hier wieder guten Anschauungsunterricht. Sportler erhalten oft den Rat zu ihrer Weiterentwicklung, Verein und Umfeld, etwa durch einen Wechsel ins Ausland, zu ändern. Natürlich bleiben sie dort ihrer Sportart treu: Niemand käme auf die Idee, etwa einem professionellen Fußballer zu empfehlen, er solle eine Zeit lang sein Geld mit Tennis verdienen, um seine Kompetenzen für den Fußballsport zu erweitern.

Der Sport lehrt aber auch noch etwas anderes, nämlich die Bedeutung von Fokus und die elementare Forderung an das leitende, gestaltende Umfeld, Fokus zu ermöglichen. Es hat einen Grund, warum Tennisspieler beispielsweise Bespanner oder Fußballmannschaften Zeugwarte haben. Diese unterstützenden Personen ermöglichen dem Sportler, sich auf genau das zu konzentrieren, was er am besten kann (und wofür er auch letztlich bezahlt wird), und sich gerade nicht durch Tätigkeiten ablenken zu lassen, in denen er/sie in der Regel nicht seine Stärken hat.

Ähnlich muss es sich in Unternehmen verhalten. Auch hier kommt Fokus eine entscheidende Rolle in der Gestaltung einer produktiven, an den Stärken der Mitarbeiter orientierten, Arbeitsteilung zu. Oftmals trifft man allerdings das Gegenteil an. „Employee Self Service" ist ein gängiger Begriff und viele Unternehmen preisen dies als große Errungenschaft an. Konkret bedeutet dies, dass ein Mitarbeiter viele administrative Tätigkeiten selbst übernehmen muss. Als Argument wird gerne der Gewinn von Flexibilität angeführt, in Wirklichkeit begegnet man hier vielfach den Folgen des Outsourcings vieler administrativer Tätigkeiten, die man eben aber nicht alle an einen externen Partner vergeben kann und die somit nach Auslagerung

---

[7] Oder man erreicht, dass Zwischenziele plötzlich überhöhte Bedeutung erhalten, um einen gewissen Abschluss zu suggerieren, was im Zusammenhang mit Strategie und Ergebnisorientiertheit eines Unternehmens absolut kontraproduktiv sein kann.

der ehemals internen Supportbereiche auf verbleibende Fachfunktionen zurückfallen. In seiner Konsequenz kommt dies einem Verlust von Fokus und Zeit gleich, die man besser auf wertschöpfende Tätigkeiten gemäß seiner eigentlichen Rolle im Unternehmen verwendet hätte.

Noch gravierender ist eine weitere Entwicklung. Querschnitts- und Stabsfunktionen (wie z. B. Human Ressources, HR) waren einmal in dieser Form eingeführt worden, um die Fachbereiche zu unterstützen bzw. zu entlasten. Heute beobachtet man vielfach das Gegenteil: Diese Bereiche konzentrieren sich gerne auf ihre als strategisch empfundenen Aufgaben und delegieren Detailarbeit gerne in Fachbereiche. In gewisser Weise trifft man hier falsch verstandene Fokussierung an: Man behält selbstredend gerne die Verantwortung, arbeitet an den großen Sachzusammenhängen und meint deswegen, die „Tagesarbeit" abgeben zu müssen/können, die aber ebenso zwingend zu einer fokussierten Arbeit gehört. So finden sich Tätigkeiten wie Budgetverfolgung, Personalrekrutierung, Planung von Assignments, Aufbau von Mentorsystemen u. v. a. plötzlich in der Obhut von Fachbereichen/Funktionen, manchmal dann auch getarnt als „Organisationsprojekte", die gewollt und gefordert oft bis zu 30 % der Arbeitszeit der Mitarbeiter in Anspruch nimmt. Anders formuliert: 30 % der Arbeitszeit der Mitarbeiter geht für Dinge verloren, in denen der Mitarbeiter eines Fachbereiches mit Sicherheit nicht seine Stärken haben sollte (falls dies so wäre, müsste er/sie konsequent einen Wechsel in eine Querschnitts- oder Stabsfunktion in Betracht ziehen). Wir begegnen hier einem Verlust von Fokus und Produktivität per Design und mit Blick auf unser Modell der Wertschöpfung findet sich der Bereich „Organisation" als wesentliches Element des „Change Managements" in der Hand von „Laien" wieder (eben gerade so, als würde Roger Federer seine Schläger selbst bespannen). Im Ergebnis droht dadurch eine Tendenz zur Mittelmäßigkeit und sogar weiterer Verlust von Fokus, da diese Organisationsprojekte im schlimmsten Fall ein Kriterium der Leistungsbeurteilung bilden und der Mitarbeiter seine Unzulänglichkeiten auf diesem Gebiet bemerkt und mit noch mehr Zeitaufwand überkompensiert oder, ebenso schlimm, von offenkundig werdenden mangelnden Kompetenzen in seiner fachbereichsbezogenen „Haupttätigkeit" durch Überbetonung dieser Organisationsprojekte ablenkt. Befürworter dieses Vorgehens argumentieren oft, dass die Querschnittsfunktionen immer noch die „Richtlinienkompetenz" und die Verantwortung für ihr Gebiet haben und Mitarbeitern der Fachfunktionen die Möglichkeit gegeben wird, thematisch breiter zu arbeiten und ihr Potenzial für „Leadership" auszubauen. Doch letztlich kommt dies einer Bankrotterklärung gleich. Selbstverständlich müssen Fachfunktionen an der Entwicklung ihrer Organisationen mitarbeiten und ihre Perspektive einbringen oder, allgemeiner, die Arbeit von Querschnittsfunktionen unterstützen (das ergibt sich alleine schon aus der Logik des Konstrukts), aber deren Verantwortung besteht gerade darin, die Fachbereiche so einzubinden, dass der Fokus auf ihre eigentliche Aufgabe nicht darunter leidet (um beim Beispiel zu bleiben: 30 % Zeitaufwand sind diesbezüglich erheblich!). Verlust von Produktivität wird auf diese Weise institutionalisiert; ein Versagen der Führungsebene, die so etwas nie zulassen dürfte. Oftmals sind die Gründe für diese Entwicklung auch viel trivialer und Folge eines undurchdachten Personalabbaus in Querschnittsfunktionen, die dann infolge ihrer Unterbesetzung gar nicht anders können als Arbeit „auszulagern".

Die Trennung von Verantwortlichkeit für ein Gebiet (Responsibility) und Zuständigkeit für die Planung und konkreter Durchführung von Einzelschritten (Accountability) zieht sich aber noch viel breiter durch Unternehmen und kann deren Kultur sehr stark (negativ mit Blick auf die Produktivität) prägen.[8] Letztlich tritt sie besonders markant an den Schnittstellen zwischen Bereichen auf. Jeder behält gerne die Verantwortung für ein Gebiet (unter anderem kann man sich gut damit nach außen positionieren, was, wir kommen gleich darauf zurück, im heutigen Umfeld wichtiger denn je ist), gibt aber im gleichen Zug ebenso gerne die konkrete Detailarbeit an andere ab und beschränkt sich darauf, deren Ergebnisse einzufordern und im Rahmen von gesetzten Terminen zu kontrollieren. Gerne begleitet dies zur Rechtfertigung ein Verweis auf die so erzielte Produktivitätssteigerung (oftmals wieder durch einen Personalabbau); eine sehr einseitige Sichtweise, da die Produktivitätssteigerung eines Bereiches auf Basis der Trennung von Responsibility und Accountability oftmals kausal verbunden mit einem Produktivitätsverlust in anderen Bereichen einhergeht. Eine in dieser Form missverstandene Verantwortung kann viele Ursachen haben, aber zwei Fehlentwicklungen kommt zentrale Bedeutung zu. Mangelnde Sachkompetenz lässt sich als ein Auslöser eines solchen Verhaltens identifizieren, da diese sich in der Regel besonders eklatant in der Durchführung offenbart und in der Ausprägung eines Moderationsverhaltens (in Abgrenzung zu einem Exekutionsverhalten) provoziert. Weiterhin tritt aber auch ein Mangel an Verständnis für die grundlegenden Erfordernisse einer produktiven Gestaltung von Geschäftsabläufen und ein falsches Verständnis von Produktivität zutage. Produktivität muss immer gesamtheitlich für den gesamten Prozess der Wertschöpfung bewertet werden; wer sie nur für seinen Verantwortungsbereich betrachtet, vernachlässigt sträflich mögliche negative Auswirkungen auf das weitere Umfeld. Dies erfordert, wie schon betont, Kompetenz und Erfahrung im Rahmen eines spezifischen Businessmodells, das es zu unterstützen gilt und welches man verstanden und verinnerlicht haben muss, um überhaupt über Produktivität re-

---

[8] Man begegnet zusätzlich zum beschriebenen Missstand auch einem anderen Muster: Ein Mitarbeiter oder ein Bereich erhält eine Verantwortung, aber keine Zuständigkeit für die konkrete Durchführung, die ihm bis ins Detail von anderer Stelle vorgeschrieben wird.

den zu können. So verwundert es nicht, dass die geschilderten Fehlentwicklungen besonders in Unternehmen mit eben jener fragwürdig ausgebildeten Jobrotation auftreten, die die Ausbildung eines Generalistentums befördern, das gerade nicht zum Inhalt hat, das Rüstzeug für eine verantwortliche Rolle in einem funktionalen Umfeld eines spezifischen Geschäftsfeldes zu entwickeln. Wie sollte auch etwa eine HR-Person mit Erfahrungshintergrund in Marketing oder Produktion ohne die erforderliche „Deliberate Practice" die Personalthemen einer Forschungs- und Entwicklungsabteilung (R & D) sinnvoll und produktiv bearbeiten können oder etwa ein Mitarbeiter des Qualitätswesens für Lebensmittel Akzente für das Qualitätswesen im Automobilbereich setzen? Sie können es eben nicht, aber sie werden (wieder einmal das bereits vielzitierte Kompensationsverhalten) sich auf bekannte Prozesse und Verhaltensmuster zurückziehen, die möglicherweise übertragbar sein könnten, und große Teile der inhaltlichen Arbeit wegdelegieren. Um es nochmals zu sagen: Dem Individuum kann man keinen Vorwurf machen, es handelt sich hierbei um ein Versagen der Führungsebene, die es zulässt oder, noch schlimmer, kultiviert, ein Personalsystem zu besitzen, das fast schon systematisch die Ausbildung relevanter Kompetenz unterdrückt und seine weitreichendste Ausprägung im Bereich der leitenden Mitarbeiter hat, von denen diese Systeme explizit vergleichsweise wenig businessspezifische Kompetenz verlangen (andernfalls würden man gerade diese weniger rotieren). Man hebt dann die durch die Rotation angeblich ausgebildeten Eigenschaften im Bereich „Leadership" hervor und riskiert eine Produktivitätsabnahme, da die Mitarbeiter trotz aller „Leadership" die mangelnde Sachkompetenz der Führungskräfte nicht kompensieren können (und dies teilweise auch nicht wollen).[9]

Natürlich spüren diese Unternehmen die interne Reibung, vielfach offen in Diskussionen ausgetragen, die durch diese fehlausgerichteten Systeme entsteht, und versuchen, Kompetenzanforderungen in sog. Kompetenzmatrizen niederzuschreiben, um klar zu definieren, welche Kompetenzen der Mitarbeiter in einzelnen Bereichen haben muss. Grundsätzlich kann dies begrüßt werden. Problematisch wird hier wieder die unterliegende „Philosophie": Man versucht durch dieses kodifizierte Anforderungsprofil die Rolle vom individuellen Mitarbeiter unabhängig

---

[9] Man ist erstaunt, dass nicht wenige diese Trennung von Leadership und inhaltlicher Kompetenz vertreten. Letztlich bedingen sich beide wechselseitig (wie sollte es auch anders sein) und eine Führungsperson, die sich primär als „Leader" und Motivator versteht, ohne tiefgreifende inhaltliche Kompetenz zu besitzen, wird immer unter einem Anerkennungsproblem leiden und letztlich auch Ergebnisse schuldig bleiben, sobald sie mit inhaltlicher Arbeit konfrontiert wird. Der Sport bietet hierzu wieder viel Anschauungsmaterial: Jürgen Klinsmanns Scheitern bei Bayern München scheint sich darauf zurückführen zu lassen (wenn man den veröffentlichten Berichten Glauben schenken darf).

zu machen, was im Lichte von Jobrotation sogar sinnvoll sein kann: Wenn die Individuen schon schnell wechseln, so müssen wenigstens die Anforderungen einen festen Rahmen bilden. Letztlich vertauscht man aber hier „Ursache" und „Wirkung": Nicht die Rolle hat den Mitarbeiter zu formen, sondern der Mitarbeiter die Rolle, eben um seine Stärken am besten einbringen zu können, und dies geschieht in der Regel nicht per starrer, entindividualisierter Verordnung. Großen Nutzen haben diese Systeme allzu selten, denn ihre Oberflächlichkeit lässt sie oft zu einer Ansammlung von holzschnittartigen Profilen mutieren, deren Nutzen ein erhöhter bürokratischer Aufwand konterkariert. Oftmals finden sich in diesen Kompetenzmatrizen bis zu 100 „Skills", sodass man sich unweigerlich fragt, was das alles mit der Betonung und Vertiefung individueller Stärken zu tun haben soll. Ein Blick auf den Sport hilft auch hier: Welche Spieler sind in der Regel am begehrtesten? Eben die besten, und dies sind gerade die mit den ausgeprägtesten Persönlichkeiten und individuellen Stärken, mit denen sie ein bestehendes Grundsystem weiterentwickeln können und auch sollen, eben also nicht die Anforderungen eines starren Rasters bedienen müssen!

Es sei nochmals betont, dass die hier oft gescholtene Jobrotation grundsätzlich positiv zu bewerten ist. Ablehnen muss man die überzogene Form, die gerade dazu führt, dass unterdrückt wird, was eigentlich anzustreben ist, nämlich die Unterstützung des Reife- und Erfahrungsprozesses in einem Geschäftskontext, ganz gemäß den Forderungen, die Colvin in „Talent is overrated" stellt. Dort zitiert er auch das Beispiel General Electric (GE). Einst auch ein Vorreiter in Sachen Jobrotation, so führte eine Einschränkung und stärkere Zielausrichtung in einem Geschäftsbereich als Teil eines Modellversuches, der betont die Verweildauer pro Assignment erhöhte, zu interessanten, wenngleich nicht unbedingt überraschenden, Ergebnissen: Der Geschäftsbereich entwickelte sich im Untersuchungszeitraum im Kontext von GE am besten, was ganz wesentlich der reduzierten und neu ausgerichteten Jobrotation zugeschrieben wird.

Gehen wir jetzt einen Schritt weiter. Haben wir bis jetzt die inhaltliche Definition von Kompetenzen betrachtet, so wollen wir uns jetzt der Frage zuwenden, wie man den Mitarbeiter unterstützen sollte, seine Fähigkeiten am besten zum Einsatz zu bringen. Zusammen mit dem schon erwähnten Fokus müssen noch weitere Grundlagen geschaffen werden. Ihrer Natur nach stellen Kompetenzen individuelle Eigenschaften dar, die nur in einem Umfeld zur Entfaltung kommen können, welches genügend Freiraum dazu lässt und Individualität akzeptiert. Der Ruf nach Diversity (Vielfältigkeit) und Inklusion (Einbindung), so sehr auch vielfach zur Phrase verkommen, hat gerade in diesem Zusammenhang vollste Berechtigung und Wichtigkeit. Es nützt nichts, wenn man vielfältigste Charaktere ins Unternehmen holt, ohne diesen die Gelegenheit zu geben, jene Individualität auch einzubringen und auszuleben. Die Diskussion zentriert sich (durchaus mit gutem Grund) oft auf einen erhöhten Frauenanteil an allen Stellen im Unternehmen und vielfach kann man Fortschritte beobachten, Frauen zu unterstützen, etwa durch Heimarbeit, dem Angebot von Kinderbetreuung u. v .m. Doch dies verengt den Sachverhalt zu sehr und wesentliche Aspekte bleiben unadressiert[10], insbesondere der Einfluss einer oftmals vereinheitlichten „Leitkultur" und deren Anpassungsdruck. Auf die Probleme im Kontext von Geschlechterrollen hatten wir schon verwiesen[11] und dort bereits betont, dass dies Gefahr läuft, Diversity zu konterkarieren und dadurch die Fähigkeit einer Organisation unterwandert wird, sich an verändernde Bedingungen im Geschäftskontext anzupassen bzw. diesen Wandel zu gestalten.

Die Thematik reicht aber noch weiter. Susan Rice beschreibt dies ausdrücklich in ihrem Buch „Still – die Bedeutung von Introvertierten in unserer Gesellschaft" [14]. Laut Rice haben sich gerade die amerikanische und in deren Folge auch die westeuropäischen Gesellschaften im Laufe des letzten Jahrhunderts von einer Charakterkultur (inhaltsorientiert) zur einer Persönlichkeitskultur (darstellungsorientiert) entwickelt. Dies räumt in seiner Konsequenz extrovertierten Persönlichkeiten mehr Dominanz ein, unterstützt deren grundlegende charakterliche Ausprägungen und Vorlieben, schränkt aber auch in gleichem Maße introvertierte Menschen erheblich ein. Nach Rice beraubt man die Gesellschaft dadurch wesentlicher Beiträge introvertierter Charaktere, die in einem primär extrovertiert ausgerichteten Umfeld nicht produktiv sein und im schlimmsten Fall gar keine Beiträge erbringen können. Forschungsergebnisse legen nahe, dass die Eigenschaften „introvertiert-extrovertiert" und ihre gleichberechtigte Entfaltung einen viel größeren Einfluss auf Diversity und Vielfältigkeit haben als die gegenwärtig im Zentrum der Diskussion stehende Geschlechterfrage. Überspitzt formuliert: Eine mit Blick auf den Anteil von Männern und Frauen wunderbar strukturierte, aber komplett extrovertiert (oder introvertiert) ausgerichtete Organisation fällt in ihrem Leistungsvermögen immer hinter einer Organisation mit einer einseitigen Ausprä-

---

[10] Lassen wir an dieser Stelle die allgemeine Diskussion außen vor, warum diese Themen immer im Zusammenhang mit Frauen auftauchen, hier liegt sicherlich noch gesamtgesellschaftlicher Handlungsbedarf vor, diese, bei aller Berechtigung doch einseitige Sichtweise auf beispielsweise die Integration verschiedener ethnischer Gruppen oder unterschiedlichste Charaktere zu erweitern.

[11] Eben die Notwendigkeit, dass Frauen sich an männliche Rollenmuster anpassen müssen, um vorwärts zu kommen, und dies sogar noch explizit in Karriereseminaren empfohlen bekommen.

gung von Frauen- oder Männerquoten und guter Mischung von introvertierten und extrovertierten Individuen zurück.[12]

Betrachten wir wieder das heutige Unternehmensumfeld: Es überrascht nicht, dass gerade die zunehmende Amerikanisierung unseres Arbeitsumfeldes (wie auch unserer Kultur im Allgemeinen), abseits des Hochglanzgeredes über Inklusion, gerade Extrovertiertheit ausgeprägt unterstützt. Schon der Blick auf die Arbeitsplatzgestaltung zeigt dies. Großraumbüros moderner Prägung bringen die Dominanz extrovertierter Verhaltensmuster sehr deutlich zum Ausdruck. Einer der wesentlichen Unterschiede zwischen Introvertierten und Extrovertierten findet sich in der Aufnahme und Reaktion auf externe Stimuli. Braucht der Extrovertierte gerade ein erhöhtes Maß dieser Stimuli, um sich wohlzufühlen und produktiv arbeiten zu können, so beeinträchtigen diese den Introvertierten erheblich. Plakativ gesagt: So wie der Extrovertierte Großraumbüros lieben wird, weil er darin gerade produktiv aufblüht, so lehnt der Introvertierte diese ab, weil er sich dort einfach unwohl und dadurch unproduktiv fühlt. Befürworter von Großraumbüros mögen jetzt argumentieren, es gebe ja auch dort Rückzugsecken für ruhige und konzentrierte Arbeit, aber deren räumliche Beengtheit und optische Offenheit helfen Introvertierten nicht weiter.[13] Noch schlimmer wird die Lage des Introvertierten, der sich mit dem Konzept des „Agile Office", also dem kompletten Verzicht auf eine feste Arbeitsumgebung, konfrontiert sieht. Man begegnet auch dem Argument, dass sich die Teamleistung als Konsequenz des verstärkten gedanklichen Austausches in einer offenen Atmosphäre insgesamt verstärke, aber auch in diesem Standpunkt spiegelt sich die Sichtweise des Extrovertierten wieder, abgesehen davon ist er schlicht falsch. Neueste Forschungsergebnisse zeigen, dass die in einem gemeinschaftlichen Umfeld erbrachte Leistung eines Teams (etwa in einem Brainstorming) immer hinter der Leistung zurücksteht, die ein Team als Summe von individuell erbrachten Leistungen erbringt, ganz einfach deswegen, weil in Teamveranstaltungen die Leistungen von Introvertierten nicht zur Geltung kommen. Interessanterweise erhöht sich Produktivität wieder, wenn man einzelne Teammitglieder nicht physisch in einem Raum oder einer Videokonferenz zusammenbringt, sondern die Teamvernetzung beispielsweise online (nicht visuell!) ermöglicht, einer Form, die scheinbar auch Introvertierte unterstützt. Es gibt also keinen Grund,

---

[12] Um Missverständnisse zu vermeiden: Am besten ist die richtige Mischung von Männern und Frauen sowie, unter diesen, introvertierten und extrovertierten Charakteren. Die betonte Integration von Frauen an allen Stellen von Unternehmen und Schaffung unterstützender Arbeitsbedingungen hat weiterhin höchste Priorität!

[13] Sie müssten sich dort ohnehin den ganzen Tag „einschließen", was dann so oder so den Sinn von Großraumbüros komplett in Frage stellt.

Großraumbüros als das Maß aller Dinge anzusehen, und von daher verwundert der Fundamentalismus und Dogmatismus der Diskussion um optimale Arbeitsbedingungen. Hier zeigt sich die tiefe Verankerung einer extrovertiert geprägten Kultur und ein bedenklicher Mangel an Toleranz und letztendlich Verständnis, wenn man Einwände mit „Argumenten" wie „man habe noch nicht die neuen Zeiten begriffen" oder „man begrüße keine Veränderungen" trotz aller Bekenntnisse zu Diversity und Inklusion ins Leere laufen lässt. Es wird Zeit, diese Diskussion in vernünftige Bahnen zu lenken, und sich auf den Grundauftrag von Personalentwicklung zu besinnen, der darin besteht, individuelle Stärken und den Charakter der (introvertierten und extrovertierten) Mitarbeiter möglichst gut zu unterstützen, und dies verlangt womöglich eine Mischung von Großraum- und Individualbüros[14], vielleicht auch einen Ausbau der Heimarbeit mit Online-Vernetzung von Teams und Arbeitsgruppen.

Die Förderung einer primär extrovertiert ausgerichteten Darstellerkultur mit gut dokumentierten Symptomen wie der hohen Bedeutung von Präsentation, Beredsamkeit und einem stets drohenden Verlust von Tiefgang beeinflusst mit gravierender Auswirkung Vielfältigkeit und Produktivität noch in anderer Form.[15] Personalauswahl- und Personalbewertungssysteme sprechen hier eine eindeutige Sprache. Assessment-Center repräsentieren in prototypischer Weise eine extrovertiert geprägte Kultur. Gute Selbstdarstellung übertrumpft hier immer Bedächtigkeit und Zurückhaltung. Die massivste Ausprägung einer Darstellerkultur, gleichzeitig eine der am stärksten kritisierten, tritt uns mit der sog. Rating/Forced-Distribution-Methodik entgegen. Dan Arielly bezeichnet diese als die größte Todsünde von „Corporate America" und macht sie für den Niedergang vieler Innovationskulturen verantwortlich. Im Grunde geht es hierbei darum, Mitarbeiter relativ zueinander zu bewerten, dies allerdings mit festen Prozentsätzen für den Anteil „sehr guter", „guter" und „nicht ausreichender" Beurteilungen. Alle Mitarbeiter, unabhängig vom absoluten Erfüllungsgrad ihrer Zielvorgaben, müssen in dieser Form „gerankt" werden, d. h. selbst wenn sie alle ihre Zielvorgaben übererfüllen, ereilt einige, bedingt durch die vorgegebene Verteilung, das Schicksal, am unteren Ende dieser Tabelle aufzutauchen, was für sich genommen schon die Absurdität dieses Verfahrens aufzeigt, insbesondere mit Blick auf die Konsequenzen, die von gezielten Verbesserungsmaßnahmen, Auswirkungen auf das Gehalt bis hin zur Trennung vom Mitarbeiter reichen. Besonders unheilvoll wirkt sich hier auch die

---

[14] Ein Ergebnis, das einem auch der gesunde Menschenverstand nahelegen würde.

[15] Man könnte zynischerweise bemerken, dass Unternehmen es gleichsam darauf anlegen, Introvertierte zu verprellen oder auszusortieren, was dann die Diskussion um Großraumbüros wieder erleichtert.

schon angesprochene Trennung von Leistung und Potenzial in der Bewertung aus, die dem Ranking zugrundeliegt, da oftmals dem Potenzial eine ungebührende Stellung gegeben wird. In großen Konzernen erfolgt dieses Ranking ab einer gewissen Hierarchiestufe in der Regel innerhalb der funktionalen Bereiche über die Grenzen von Business Units in einer Runde der nächsthöheren Vorgesetzten, die in den meisten Fällen gar nicht den Überblick über alle zu bewertenden Kandidaten in den verschiedenen Geschäftsbereichen haben können und vielfach auch gar nicht das jeweilige Umfeld kompetent beurteilen können. Grundsätzlich kann man die Vergleichbarkeit von Kandidaten aus dem wenig vergleichbaren Umfeld verschiedener Geschäftsbereiche ohnehin anzweifeln (solange man nicht das Generalistentum fehlerhafterweise zum Ideal erhebt). Man käme ja auch schwerlich auf die Idee, Spieler einer Handball- und Fußballmannschaft in eine wertende Reihenfolge zu bringen, nur weil deren Funktion in beiden Fällen etwa die des Verteidigers ist. Nun könnte man auf die Idee kommen, dass der Personenkreis, der die Einreihung vornehmen muss, verpflichtet sein sollte, sich ausreichend über die Individuen und deren Geschäftsumfeld zu informieren. In der Praxis kehrt sich die „Beweislast" allerdings um: Der Mitarbeiter erhält gewissermaßen die Aufgabe, sich bei seinen Beurteilern bekannt zu machen. Er muss demnach seine Leistungen an Personen verkaufen, die in der Regel wenig Bindung, Einsicht und Expertise in Bezug auf sein Geschäftsumfeld haben und deshalb nur das eher diffuse Potenzial bewerten. Selbst wenn es ihm gelingt, seine Leistung zu vermitteln, bleibt immer noch das Problem, dass Leistung und Ranking nicht kausal verknüpft und bestenfalls nur korreliert zusammenhängen. Wir begegnen hier einem System, das in extremster Ausprägung extrovertierte Charaktere bevorteilt, wenn nicht sogar letztlich selektiert. Auswirkungen auf Team- und Sozialverhalten sowie Fokus als auch Produktivität sind wohldokumentiert und durchweg negativ, gerade letztere leidet erheblich unter dem Zwang, sich positionieren zu müssen, um „Visibility" (Sichtbarkeit) zu erhalten. Der Umstand, sich unter durchaus erheblichem Zeitaufwand mit Selbstvermarktung befassen zu müssen, gepaart mit einer sich fast zwangslogisch ausbildenden Mentalität der Risikovermeidung, beeinflusst Innovation und Wertschöpfung durchweg erheblich negativ [15].

Um Missverständnissen vorzubeugen: Bewertungen kommt eine essenzielle Rolle in der Rückmeldung an die Mitarbeiter zu, aber sie müssen in Bezug zu den Zielvorgaben stehen, die der betreffende Mitarbeiter erhielt. Sollte ein Vorgesetzter sich nicht glücklich schätzen, wenn seine Mitarbeiter ihre gestellten Ziele erfüllen und damit das Geschäft in optimaler Form (unter Annahme gut gesetzter Ziele) unterstützen? Handlungsbedarf besteht genau dann, wenn Ziele in Gefahr kommen, und nicht wenn eine artifizielle, vorgeschriebene Verteilung eingehalten werden muss. Bleibt das letzte Argument der Befürworter der Ratingmethode:

Durch den ausgeübten Druck verstärke sich die Leistungsfähigkeit einer Organisation. Wenn wir außen vor lassen, dass dies bei Introvertierten genau das Ziel verfehlt und zum Gegenteil führt, handelt es sich letztendlich um falsch verstandenes Change Management. Veränderung und Verbesserung sollten immer aus einer sachlichen Ursache erklärbar und motivierbar sein, nicht aus einer diffusen arithmetischen Vorgabe und Druck.

Fassen wir am Ende des Kapitels noch einmal die Forderungen im Gebiet Personal- und Kompetenzmanagement (nicht Talent Management!) zusammen, die man erheben muss, um im Rahmen unseres Modells die unternehmerische Wertschöpfung optimal zu unterstützen.

1. Kernkompetenzen definieren sich auf Basis des Geschäftsmodells und des Industriesegmentes, das ein Unternehmen gewählt hat, und lassen sich nur eingeschränkt verallgemeinern. Sie unterliegen Änderungen infolge des Change Managements im Sinne unseres Modells. Personalmanagement bildet ein zentrales Element des Bereiches „Organisation", um diesen Prozess zielgerichtet und kompetent zu steuern.

2. Mitarbeiter müssen das Businessmodell ihres Geschäftsbereichs kennen und verstehen, um ihren Beitrag dazu einordnen zu können. Bewertungskriterien für ihre Leistung müssen sich aus den Erfolgsparametern des Businessmodells ableiten; Forced Distribution steht hierzu im Widerspruch.

3. Organisationen mit „Business-Fokus" und hohem Kompetenzgrad haben einen breiteren Verantwortungsbegriff, der „Responsibility" und „Accountability" in der Arbeit ihrer Teilfunktionen nicht separiert. Sie sind in der Lage, den Einfluss ihrer Arbeit auf andere Organisationen einzuschätzen und können somit im Sinne des Unternehmens produktiver operieren.

4. Erfolgreiches Arbeiten auf Exzellenzniveau in einem spezifischen Geschäftsumfeld setzt langjähriges Training (10.000 h) und resultierende Erfahrung voraus.

5. Training bezieht sich auf tragende Kompetenzen mit Relevanz für die Unterstützung des Businessmodells, nicht primär auf die Ausbildung von Generalistentum.

6. Kompetenzentwicklung muss Stärken der Mitarbeiter ausbauen und nicht darauf abzielen, Schwächen zu beseitigen.

7. Grundlage für Mitarbeiterbewertung müssen erzielte Leistungen sein, keine Potenzialbewertungen.

8. Jobrotation ist sinnvoll, solange man sich dieses Instrumentes bedient, um breiten Erfahrungsschatz im Rahmen des relevanten Geschäftsumfeldes auf-

zubauen. Sie muss verworfen werden, wenn sie auf Kosten spezifischer Erfahrungen austauschbares Generalistentum befördert.

9. Die Aufgabe von Vorgesetzten besteht darin, dafür zu sorgen, dass ihre Mitarbeiter fokussiert ihre Stärken in den Wertschöpfungsprozess des Unternehmens einbringen können.

10. Vorgesetzte müssen Arbeitsbedingungen schaffen, die Vielfältigkeit und Inklusion unterstützen und gerade nicht als Folge einer einseitigen Ausprägung individuelle Vorlieben und Notwendigkeiten unterdrücken.

11. Besonderes Augenmerk, neben den gängigen Kriterien von Diversity, kommt der angemessenen und gleichberechtigten Behandlung und Befähigung introvertierter und extrovertierter Charaktere und deren Zusammenarbeit zu.[16]

---

[16] Hier dokumentiert die Forschung sogar einen Einfluss im Bereich Vorgesetzter/Mitarbeiter: Bereiche mit vornehmlich eigenständig arbeitenden Mitarbeitern arbeiten am produktivsten mit introvertierten Vorgesetzten; eine Erkenntnis, die im Lichte der Druckerschen Definition des Wissensarbeiters wesentlich ist, und erst recht eine Absage an eine extrovertiert ausgerichtete Vorgesetztenkultur ist.

Organisation 5

Die im letzten Kapitel angesprochenen individuellen Kompetenzen und das unterliegende Know-How bilden eine kritische Grundlage für einen effektiven Wertschöpfungs- und Innovationsprozess. Dessen Effizienz allerdings hängt auch noch wesentlich von weiteren Einflussgrößen ab, die nicht auf individueller Ebene liegen, ähnliches gilt für das Change Management. Nur selten findet man Gründe für Ineffizienz und Misserfolg ursächlich in mangelnden Kompetenzen der Mitarbeiter. In Einzelfällen mag man dies beobachten, die Mehrzahl aller Probleme leitet sich aber aus einer mangelhaften Koordination von Mitarbeiterbeiträgen ab. Diese Aufgabe kommt der übergeordneten Organisation zu, die gemäß unseres Modells den wesentlichen Auftrag besitzt, auf Basis einer strategischen Richtung neue Kompetenzen aufzubauen oder bestehende zu erweitern und deren optimales, produktives Zusammenspiel zu ermöglichen. Diese Koordination baut auf zwei Gestaltungselementen des organisatorischen Aufbaus auf: Der Organisationsstruktur und den organisatorischen Prozessen. Während die Struktur Kompetenzen in einer geeigneten Form zu bündeln (aggregieren) hat, regeln die Prozesse das Zusammenspiel der unterschiedlichen Organisationsteile.[1]

Im Kontext von Wirtschaft und Unternehmen begegnet man einer anspruchsvollen Form der Organisation, die vornehmlich und in besonderem Maß zur Kreativleistung fähig sein muss, eben zur Lösung von Kundenproblemen oder zur erfolgreichen Reaktion auf ein neues Problem im Unternehmensumfeld. Es dürfte sicherlich kaum Uneinigkeit darüber bestehen, dass eine Organisation auf jeden Fall zwei wesentliche Aufgaben hat: Die Dekomposition von strategischen Zielen des Unternehmens in Individualziele der Mitarbeiter und die Synthese von individuellen Arbeitsergebnissen zu einem stimmigen und konsistenten Gesamtergebnis. Abbildung 5.1 zeigt diesen prinzipiellen Ablauf in einer Kreativorganisation etwas detaillierter.

---

[1] Natürlich gibt es auch Prozesse, die die Abläufe innerhalb von Organisationsteilen regeln.

D. Freund, *Wertschöpfende und innovationsorientierte Unternehmensführung,*
DOI 10.1007/978-3-642-39918-3_5, © Springer-Verlag Berlin Heidelberg 2013

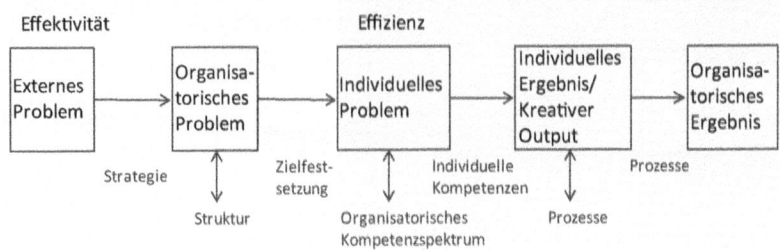

Abb. 5.1 Abläufe in einer Kreativorganisation

Eine Organisation erfüllt demgemäß ihren Auftrag, nämlich Kundennutzen und Markterfolg zu generieren und damit das langfristige Überleben eines Unternehmens zu sichern, wenn sie für ein externes Problem eine effektive (d. h. die richtige) und eine effiziente (d. h. die produktivste) Lösung finden kann. Basierend auf diesem Modell wird Organisationsaufbau und -steuerung zu einer der wesentlichsten Führungsaufgaben. Erfolgreiche Führung zeichnet sich demnach dadurch aus, strategisches Denken präzise zu formulieren und mit einem Minimalaufwand an Mitteln den angestrebten Kundennutzen zu erzeugen. Wie schon weiter oben hervorgehoben, begegnet man weitaus häufiger der Situation, dass Probleme und Misserfolge sich primär auf ein systemisches Versagen der Organisation zurückführen lassen und nicht auf mangelnde Kompetenz der Mitarbeiter.[2] Wir reden hier also offensichtlich über ein fundamentales Führungsthema, und nur allzu oft sieht man Führungskräfte, die dieser umfassend anspruchsvollen Aufgabe nur unzureichend gewachsen sind. Entweder setzen sie Ziele unscharf bzw. intransparent, richten sie unzulänglich am Businesskontext aus und legen ihr Hauptaugenmerk vornehmlich darauf, von der Organisation eine hocheffiziente (aber in letzter Konsequenz uneffektive) Abarbeitung ihrer unzulänglichen Vorgaben zu verlangen, oder sie sehen sich umgekehrt als Strategen und vernachlässigen die exekutive Seite, riskieren somit mangelhafte Effizienz und Produktivität. Beides führt zu Einseitigkeit und gefährdet wirtschaftlichen Erfolg, der sich nur dann optimal einstellen kann, wenn die Führungsebene es versteht, sowohl die effektive strukturelle Ausrichtung der Organisation an der Strategie als auch die effektive Festlegung von Zielen sowie die unterstützende Implementierung von effizienten Prozessen kompetent zu gestalten.

---

[2] Dies wäre dann ohnehin auch wieder ein Versagen der Organisation und ihrer Führung, die mangelnde Kompetenz der Mitarbeiter nie dulden dürfen bzw. nicht erlauben dürfen, dass diese ein Ergebnis oder Ziel gefährden.

Der Prozess der Strategiegestaltung steht im Mittelpunkt eines der folgenden Kapitel, sodass wir uns an dieser Stelle auf die darauf aufbauende Zielfestsetzung sowie Organisationsstruktur und -prozesse konzentrieren wollen. Kehren wir dazu kurz wieder zu Druckers Modell des Wissensarbeiters zurück. Waren im industriellen Zeitalter Arbeitspakete und Ziele von ihrer Natur her eher konkrete Handlungsanweisungen, die verrichtet werden konnten, ohne ein Verständnis von übergeordneten Zusammenhängen zu besitzen, so hat sich dies grundlegend verändert. In gewisser Hinsicht gleicht dies einer Demokratisierung der Strategieinhalte, die nicht mehr länger einem elitären Zirkel zugänglich sind, und deren Umsetzung. Der Wissensarbeiter im Druckerschen Sinne benötigt mehr als Handlungsanweisungen. Er verlangt nach einem strategiegebundenen transparenten Rahmen, innerhalb dessen er frei gestalten kann, wie er seine Leistung erbringen will. Selbstverständlich erfordert dies neben geschäftsspezifischem Fachwissen ein erhebliches Maß an geistiger Autonomie und Problemlösungskompetenz[3], der mehr und mehr eine entscheidende Rolle zukommt. Wenn das Agieren in einer komplexen Welt Pluralität und Vielfältigkeit verlangt, so erfordert kreative Arbeit in diesem Umfeld mehr denn je die Fähigkeit, diese Grundelemente, gestützt auf Fachwissen, in einem unterstützenden Umfeld produktiv zum Einsatz zu bringen. Dazu braucht man einmal eben die geforderte Problemlösungskompetenz, aber auch die im vorigen Kapitel geschilderte „Deliberate Practice" zum Aufbau von Fachwissen und Erfahrung, um auf sich ändernde Anforderungen kompetent reagieren zu können. Im gewisser Hinsicht gleicht dies dem Improvisationsvermögen eines Musikers, der ebenfalls sein instrumentales Können in unterschiedlichsten Rahmenbedingungen zum Einsatz bringen muss und dazu auch reichlich Erfahrung benötigt.

Interessanterweise folgt die Wirtschaft mit einigem zeitlichen Versatz der Sichtweise des Militärs. Dort unterscheidet man schon seit einiger Zeit sehr klar differenziert zwischen „Auftragsarmee" und „Befehlsarmee", und die moderne Heeresführung tendiert mittlerweile eindeutig zum ersten Konstrukt, das Befehle im Sinne konkreter Handlungsanweisungen durch Ziele ersetzt und den Einheiten zu einem weiten Grad den Modus freistellt, wie diese ihre Ziele konkret erreichen wollen. Dies erfordert natürlich ein Verständnis der gesamten Lage und ihrer spezifischen Herausforderungen, im militärischen Umfeld formuliert im sogenannten „Leader's Intent". Während die Befehlsarmee auf der Annahme eines gleichsam deterministisch planbaren Vorgehens aufbaut, agiert die Auftragsarmee gerade auf Basis der gegenteiligen Annahme, letztlich ausgelöst durch die Erkennt-

---

[3] Ein Umstand, dem zumindest die Ausbildung in Deutschland nur unzureichend Rechnung trägt.

nis, dass „kein Plan den ersten Feindkontakt überlebt". Ziele hingegen tun dies durchaus und es scheint im Lichte dieser Erfahrung durchaus naheliegend und konsequent, den Plan zur Erreichung der Ziele in die Hand der Heeresteile und Soldaten zu geben, dadurch Autonomie zu gewähren und im Gegenzug Flexibilität und Reaktionsgeschwindigkeit zu gewinnen.

Dies lässt sich unmittelbar auf den wirtschaftlichen Kontext übertragen. Was dort allerdings auf den ersten Blick wie ein streng hierarchischer Prozess aussehen mag, auf der einen Seite die Leitungsebene, die Ziele festlegt, dem gegenüberstehend die ausführende Organisation, entpuppt sich bei genauerem Hinsehen als komplexer und interaktiver Vorgang. In letzter Konsequenz verlangt er vom Mitarbeiter nicht nur die kreative Leistung, sein/ihr Ziel zu erreichen. Letztlich muss sich jeder primär am Erfüllungsgrad der obersten strategischen Ziele messen lassen. Es macht wenig Sinn, beispielsweise im Rahmen eines Entwicklungsprojektes zum Erreichen eines Zeitziels unverhältnismäßigen finanziellen Aufwand zu betreiben, der möglicherweise die Wirtschaftlichkeit eines gesamten Projektes gefährdet. Zwei Dinge sind also in diesem Ansatz essenziell: Zum einen eine in sich schlüssige und daher umsetzungsorientierte Zielfestlegung seitens der Leitungsebene, zum anderen aber auch umgekehrt, bei aller Autonomie, eine rechtzeitige Rückmeldung der Mitarbeiter, wenn Teilziele in Gefahr geraten, sodass diese, oder weitreichender, gar die Strategie adaptiert werden kann/können. Dies fordert vom Mitarbeiter Kompetenz, Erfahrung, Verantwortungsbewusstsein und Identifikation mit dem Gesamtziel. Nicht zuletzt aus diesem Grund heben mittlerweile viele Unternehmen den Wert „Ownership" heraus, was letztlich nichts anderes betont, als dass jeder Mitarbeiter so agieren soll, als gehöre ihm das Unternehmen.

Versuchen wir, den Prozess der Zielsetzung an einem Beispiel etwas näher zu beleuchten. Manche Unternehmen führen Markterfolg auf die Parameter Umsatz, Gewinn und Cashflow zurück – also Größen, die im weitesten Sinne den „Total Shareholder Return" beschreiben. Im Umkehrschluss impliziert dies, dass weitere Größen diese Hauptparameter zwar beeinflussen, aber letztlich nur diagnostische Relevanz besitzen, um beurteilen zu können, wie gut oder schlecht die Hauptziele erfüllt werden. Es muss mit allen Mitteln vermieden werden, dass sich diagnostische Parameter plötzlich zu Hauptzielen entwickeln. Nehmen wir das Beispiel einer technischen Organisation: Dort wäre unter anderem die Einführung einer neuen Technologie gewiss eines der möglichen Ziele, aber Erfolg (und damit die Rechtfertigung der Technologie überhaupt) stellt sich nur ein, wenn durch die Technologie auch Kundennutzen und Markterfolg entstehen, und genau darauf müssen sich auch das Bewusstsein und der Fokus einer Organisation ausrichten. Mit anderen Worten: Funktional orientierte Ziele sind notwendig, dürfen aber nie zu Endzielen „mutieren", um zu vermeiden, dass sich eine Organisation durch unsachgemäße

Zielsetzung fragmentiert und ihre gemeinsame Ausrichtung verliert. Eine wichtige Steuerungsfunktion kommt in diesem Zusammenhang der Incentivierung zu: Be- und Entlohnung aller Mitarbeiter, beispielsweise im Rahmen von Boni, müssen aus den Hauptzielen des Unternehmens abgeleitet werden.

Oft hört man hier die Klage, dass man als untergeordnete Funktion gewisse Hauptziele nur eingeschränkt unterstützen kann. Dies gleicht der Klage eines Fußballtorwarts, dass seine Mannschaft nicht zum Sieg kommt, weil keine Tore geschossen werden und er dafür schließlich nichts könne. Die Beschwerde nützt wenig, am Ende zählt eben nur das Ergebnis der Mannschaft. Der moderne Fußball hat darauf in der Form reagiert, dass sich der moderne Torwart als Element des Spielaufbaus begreift und nicht nur als auftragsgemäßer Torverhinderer. Nicht anders verhält es sich in Unternehmen: Auch hier müssen sich alle Bereiche unterstützen, dass der Gesamterfolg im Vordergrund steht und nicht funktionsbezogener Egoismus.

Fassen wir zusammen: Für die Gestaltung von Zielen ist es essenziell, dass transparent wird, wie sich diese aus den erklärten Unternehmensstrategien ableiten und in welcher Form wechselseitige Beeinflussungen bestehen. Funktionalen Zielen kommt eine ausschließlich diagnostische Funktion zu und insbesondere eine Überhöhung ihrer Wertung hat zu unterbleiben, um die Ausprägung von Silomentalität zu vermeiden, in deren Konsequenz sich Funktionen in die „Nische" ihrer funktionalen Ziele zurückziehen und zunehmend die Bindung zum Erfolg des Gesamtunternehmens verlieren. Dazu bedarf es klarer und wiederholter Kommunikation der Unternehmensführung. Eine gut ausgerichtete Organisation zeichnet sich durch funktionsübergreifendes Teamwork auf der Grundlage von klaren Verantwortlichkeiten aus. Eine gewisse Redundanz der Kompetenzen kann helfen, an den Schnittstellen von Funktionsbereichen flexibel zu agieren und interdependente Arbeitsbeziehungen zu etablieren. Der Fußball gibt wieder ein gutes Beispiel: Ein Stürmer muss auch übergangsweise in der Lage sein, zu verteidigen; Mannschaftsteile unterstützen sich grundsätzlich. Gleiches muss auch für Unternehmen gelten: Entwicklungsbereiche zum Beispiel sollten im Bewusstsein arbeiten, nicht einfach nur ein funktionierendes Produkt zur weiteren Verwertung/Bearbeitung an die Produktion oder ans Marketing zu übergeben, sondern vielmehr ein funktionierendes, produzierbares und vermarktbares Produkt in Teamwork mit den anderen Bereichen zu entwickeln, ohne umgekehrt die Verantwortung der anderen Bereiche zu beschneiden. Dies setzt natürlich gute Kenntnisse der Inhalte und Abläufe des anderen Bereichs voraus und wird durch die schon angesprochene sinnvolle Jobrotation innerhalb eines Businesskontextes gefördert.[4]

---

[4] Ein Mitarbeiter von R & D kann z.B. gezielte Einsätze in Produktion oder Qualitätswesen erhalten, um auf Basis dieser erweiterten Erkenntnis nach der Rückkehr in seinen Stammbereich die nahtlose Zusammenarbeit der Bereiche zu fördern.

All dies lässt sich naturgemäß in einem autonomen Geschäft am einfachsten verwirklichen, was nicht heißt, dass nicht auch dort oftmals Probleme mit
Silomentalität und funktionalen Agenden auftreten können. Aber letztlich hat
die Unternehmensführung dort vollen Durchgriff und eine entsprechende Gestaltungshoheit. Eine kompliziertere Situation trifft man in größeren Konzernen
an, die sich aus mehreren Business Units zusammensetzen, deren Autonomie
grundsätzlich mit übergeordneten Konzerninteressen kollidieren kann und sich
demgemäß in der Regel nicht voll ausbildet. Hat man aus der isolierten Sicht einer Business Unit recht unmittelbare Zusammenhänge von Geschäftsmodell und
Organisationsstrukturen sowie Zielsetzungen, so gesellt sich in einem komplexeren Konzernumfeld noch eine zweite Dimension hinzu. Sinnvollerweise streben
Konzerne an, die aus ihrer Größe ableitbaren Skalenvorteile zu realisieren. Beispielsweise aggregiert man gerne bestimmte Kompetenzen, um zum einen zu
verhindern, dass redundante Kompetenzen und damit unnötige Kosten in den
verschiedenen Geschäftsbereichen entstehen, zum andern aber auch, um mittels
einer zentral gesteuerten Kompetenzentwicklung die Business Units effektiver unterstützen zu können. Dies führt zu den gerne diskutierten Matrixorganisationen, in
denen geschäftsübergreifend die Funktionen schwerpunktmäßig die Zuständigkeit
für Kompetenzsteuerung erhalten und die Business Units die inhaltlichen Schwerpunkte aus Sicht ihrer Geschäftsstrategie setzen und erwarten, dass diese von den
Funktionen bedient werden können. Dies kann in zwei Formen erfolgen: Entweder über ein duales Berichtsverhältnis, das eine Austarierung der Interessen von
Business und Funktion gewährleisten soll (d. h. beispielsweise ein Funktionsleiter
mit Zuständigkeit für einen Geschäftsbereich erhält einen funktionalen Vorgesetzten und einen Vorgesetzten aus dem Business, die Prioritäten untereinander
abstimmen), oder man etabliert konzernweite Kompetenzbereiche, die auf Basis
von finanzieller Aufwandkompensation „beauftragt" werden und eine vereinbarte
Leistung zu erbringen haben, etwa vergleichbar mit einem Auftrag an ein externes
Supportunternehmen. Matrixstrukturen stehen vielfach in der Kritik, aber wie so
oft entstehen Probleme nicht aus einer prinzipiell fundamentalen Unzulänglichkeit
des Konstrukts als solchem, sondern als Resultat einer unzureichenden oder gar
inkompetenten Anbindung an die Geschäftsmodelle, die diese Organisation über
einen Konzern hinweg bedienen soll. Sieht man sich grundsätzlich verwandten
Businessmodellen, die auch noch in der Mehrheit auf gleiche Kompetenzbereiche zurückgreifen, gegenübergestellt, so empfiehlt sich in der Tat eine Bündelung
von Kompetenzen über die Geschäftsbereiche hinweg. Hier geht die Rechnung
in der Regel auf: Zwar generiert die Aggregation ein Mehr an Overhead, eine
eigene funktionale Leitung, Hierarchie und dadurch potenziell Prioritätenkonflik-
te, aber demgegenüber stehen u. a. eine flexiblere Ressourcenausnutzung, bessere

Steuerung der Kompetenzentwicklung, geringe Gefahr von Mehrfachinvestment in Infrastruktur und bessere Möglichkeiten einer sinnvollen Jobrotation für die Mitarbeiter. Selbstverständlich existieren immer das Spannungsfeld und die Möglichkeit der Fehlabstimmung der Prioritäten zwischen der funktionalen Leitung und der Leitung der Business Unit, aber aufgrund der Homogenität der Geschäftsmodelle kann sich in der Regel eine sinnvolle Balance einstellen.

Kompliziert und problematisch wird es in der weitaus komplexeren Situation, in der die Geschäftseinheiten auf Basis unterschiedlicher Geschäftsmodelle operieren. Hier beeinflusst die Prioritätensetzung der konzernübergreifenden Bereiche wieder alle Business Units, darunter jetzt aber auch diejenigen, mit deren Geschäftsmodell die Leitung dieser Zentralbereiche weniger Umgang, Erfahrung und letztlich Kompetenz besitzt. Naturgemäß leiden eher diese Geschäftsbereiche unter diesem Defizit.

Man begegnet auch hier wieder dem Grundproblem, dass sich Vielfalt und daraus ergebende Komplexität (hier über verschiedene Businessmodelle) nur bis zu einer gewissen Grenze in einem von Standardisierung geprägten Umfeld produktiv begleiten bzw. meistern lassen. Ab einem gewissen Punkt opfert man Kreativität, Flexibilität und letztlich den Fokus auf das eigentliche Ziel, Kundennutzen und Markterfolg, und generiert als Folge dieser Mängel vielfach interne Transaktion und übermäßige Bürokratie. Erschwerend muss sich der Mitarbeiter eines konzernweiten Kompetenzbereiches in mehreren Geschäftsmodellen zurechtfinden, was erwartungsgemäß nie in allen Fällen in gleichem Maß gelingen kann und vielfach den Weg hin zu einem Generalismus einleitet, der aus Sicht der einzelnen Business Unit dem kleinsten gemeinsamen Nenner gleichkommt und damit nie die berechtigten Interessen und Strategien einzelner Business Units zu Genüge bedienen kann.

Die Praxis lehrt, dass Matrixorganisationen in einem heterogenen Umfeld teilweise sogar gut funktionieren können, eben für die Business Units mit dem höchsten Grad an Verwandtschaft der Geschäftsmodelle. Ein „Außenseiter" hat es hingegen immer schwer und sieht sich „negativen Skaleneffekten" gegenübergestellt, d. h. er gibt zugunsten von Konzerninteressen und zum Nutzen anderer Geschäftseinheiten mehr auf als er letztes Endes als Leistung zurückerhält. Letztendlich wäre er besser bedient, auf eigene Rechnung autonom zu arbeiten. Interessanterweise setzt sich die Konzernsicht öfter durch, als man denken sollte, und verhindert eine eigentlich naheliegende Lösung: Nämlich Aggregation genau dort, wo man Skaleneffekte generieren kann und eben gerade nicht an Stellen, an denen sie grundsätzlich schon gar nicht zu erwarten wären.[5] Aber eine solche Lö-

---

[5] Von hier ist es nur noch ein Schritt, das Verbleiben des Außenseiters im Konzernverbund anzuzweifeln, was interessanterweise von diesem in der Regel ähnlich kritisch gesehen wird.

sung fordert natürlich auf Seiten der Organisationsarchitekten genaueste Kenntnis der spezifischen Anforderungen des jeweiligen Geschäftsmodells, was aus den verschiedenen, in den vorigen Kapiteln schon diskutierten Gründen erschwert wird und sich deshalb in unzureichenden Lösungen ausdrückt. Nichts schlimmer als in einem Organisationskonstrukt zu arbeiten, das ein Geschäftsmodell nicht produktiv unterstützen kann. Im schlimmsten Fall dieser Fehlausrichtung unterdrückt bzw. neutralisiert es sogar die individuellen Stärken der Mitarbeiter infolge ausufernder interner Transaktionen und Bürokratie und steht damit konträr zum Sinn jedweder unternehmerischen Tätigkeit.

Es empfiehlt sich also, Geschäftseinheiten mit ausgeprägt individuellem Charakter möglichst wenig mit konzernübergreifenden Strukturen zu belasten, in dieser Form eine klare Akzeptanz der besonderen Belange dieser Business Unit zu demonstrieren und gegebenenfalls billigend in Kauf zu nehmen, auf vordergründige Skaleneffekte zu verzichten. Natürlich kommt die Frage auf, wie man unter solchen Voraussetzungen dann Kompetenzen pflegen und entwickeln kann. Die Frage relativiert sich schon dadurch, dass generell wenig Überlappung besteht, und zur produktiven Steuerung der Kompetenzen benötigt man bestimmt kein organisatorisches Konstrukt. Moderne Technologie bietet vielfältigste Möglichkeiten über Blogs, Wikis und virtuelle Foren und unterstützt damit eine Vernetzung, die es bedarfs- und nicht etwa hierarchiegesteuert erlaubt, Erfahrungen und „Best Practices" auszutauschen oder Hilfe aus anderen Bereichen anzufordern. Es gibt nicht wenige Autoren [16], die auf dieser Basis vorschlagen, das Prinzip der Vernetzung in Netzwerkorganisationen, deren sich ein Mitarbeiter mit individuellem „Pull" bedient, mit weitgehendem Verzicht auf Hierarchie breit umzusetzen. Hier suchen sich Mitarbeiter aufgrund ihrer Kompetenzen die Projekte und Probleme, an denen sie arbeiten wollen, und wechseln nach getaner Arbeit ihren Tätigkeitsschwerpunkt. Man benötigt also nur noch eine reduzierte Führungsebene, die die Strategien und Ziele entwickelt, und überlässt jede weitere Lösung der „Schwarmintelligenz" der Organisation. Wikipedia und Linux sind prominente Beispiele für den Erfolg solcher Organisationen und man kann davon ausgehen, dass diese sehr weitgehende Umsetzung des Druckerschen Konzeptes des Wissensarbeiters weitere Verbreitung finden dürfte, insbesondere in kleineren Unternehmen.[6]

Gehen wir jetzt noch etwas weiter. Gemäß der gängigen Sichtweise müssen Organisationen einzelne Individuen in Suborganisationen „aggregieren" und die Transaktionen zwischen Individuen und Organisationsteilen gestalten, um eine

---

[6] Es sollte allerdings auch nicht an dieser Stelle verschwiegen werden, dass die erwähnten Erfolgsmodelle vornehmlich im Non-Profit-Bereich anzutreffen sind. Es bleibt abzuwarten, wann ein erstes Erfolgsmodell in einem profitorientierten Unternehmen bekannt wird.

maximal produktive Zusammenführung von Einzelergebnissen zu einem Gesamtergebnis zu gewährleisten. Dies hat mittels organisatorischer Prozesse zu erfolgen.
Hier betritt man ein weiteres, kontrovers diskutiertes Feld. Um es gleich zu Anfang
nochmals festzuhalten: Prozesse sind elementar notwendig, um die Transaktionen
innerhalb einer Organisation nicht im Chaos enden zu lassen. Andererseits müssen
sie aber auch limitiert werden, um die Organisation nicht in schablonenhafter Bere-
chenbarkeit erstarren zu lassen und sie dadurch jeder Möglichkeit zu berauben, die
geforderten Beiträge zu Innovation und Change Management liefern zu können.

In vielen Fällen drückt eine Überprozessierung in einer Organisation nichts anderes als eine stark ausgeprägte Tendenz zur Risikovermeidung aus: Mehr Prozesse
erlauben eben mehr Kontrolle und oftmals führt dies wieder zu einer Einführung
weiterer Prozesse, weil es eben sicherer ist, immer mehr zu kontrollieren. Am Ende
dieser Spirale steht allerdings der Verlust jedweder innovativen Kraft. Wie schon erwähnt, erfordert Innovation (und erst recht Change Management) Flexibilität und
„Standardabweichung" und gerade diese wird von Prozessen als Mittel der Standardisierung definitionsgemäß unterdrückt. Besonders gedeiht eine Prozesskultur
auf Basis einer Personalpolitik, die Generalistentum unterstützt. Die dort gängige
Sichtweise fordert gerade Prozesse als ein Mittel, sich von informellen Beziehungen
und individuell geprägten Arbeitsweisen unabhängig zu machen. In letzter Konsequenz resultiert eine Absage an das Expertentum, zeichnet sich der Experte doch
gerade dadurch aus, etwas zu beherrschen, was andere in dieser Form nicht können,
und wird aus der Sicht des „Standardisierers" zur unkalkulierbaren Gefahr. Morgan und Liker [17] heben die fatalen Auswirkungen dieser Entwicklung hervor und
führen den Niedergang der amerikanischen Automobilindustrie darauf zurück,
die ab einem gewissen Punkt ihrer Entwicklung der Ausbildung herausragender
Expertise eine Absage erteilte und diese mit fatalen Folgen durch eine lähmende
Überprozessierung ersetzte. Im Gegensatz dazu zitiert die Autoren die japanische
Automobilindustrie, die selbstverständlich nicht ohne Prozesse auskommt, in der
aber, nicht zuletzt sichtbar durch die Rolle des „Chief Engineers", Erfahrung und
Kompetenz die zentrale Rolle mit höherer Priorität im Gesamtsystem zukommt.

Neben der aus Risikovermeidung entstehenden Überprozessierung gibt es noch
einen zweiten „Prozesstreiber". Unglücklich strukturierte Organisationen neigen
in einer Art Kompensationseffekt dazu, Prozesse aufzubauen. Dies kann sich auf
die Art und Inhalte der Prozesse auswirken, aber auch schlichtweg auf deren Anzahl. Eine mit Blick auf das zu unterstützende Geschäftsmodell und die gewählte
Strategie falsch strukturierte und mit Blick auf die Kompetenzen fehlgesteuerte
Organisation führt, wenig überraschend, auch dementsprechend inhaltlich unge-
eignete Prozesse ein. Insbesondere erweist es sich als Irrglaube, man könne mittels
Prozessen fehlende Kompetenzen kompensieren.

Selbstverständlich beeinflusst der strukturelle Aufbau einer Organisation auch das Ausmaß der zu gestaltenden Transaktionen. In erster Näherung steigt diese exponentiell mit der Anzahl der Schnittstellen zwischen Suborganisationen an. An jeder Schnittstelle muss man Arbeitsprozesse, Zuständigkeiten und Entscheidungsprozesse festlegen. Aus Systemsicht können an jeder dieser Schnittstellen „Störungen" auftreten, dies mit teilweise massiv hemmenden Auswirkungen. Viele Organisationstheorien, insbesondere die der „Lean Organization" [18], fordern als Grundvoraussetzung für organisatorische Effizienz die Schnittstellenreduktion auf ein Minimum, ohne die notwendige Interdisziplinarität zu opfern. Gut strukturierte Organisationen bringen diese zwei Elemente in eine produktive Balance, um so eine Organisation und das Zusammenspiel ihrer Teile im Fluss (also möglichst störungsfrei) zu halten.

Letztlich drücken diese unterschiedlichen Auffassungen zur Balance von Prozessen und Individualisierung auch verschiedene Sichtweisen auf die Grundlagen von Geschäftsmodellen aus. Eine gewisse Modehaftigkeit dieser Philosophien kann man nicht leugnen, was den Organisationsforscher Rumelt zu der Aussage „Structure follows fashion" veranlasste.

Aus historischer Perspektive besteht ein enger Zusammenhang von Organisationsformen und der jeweils herrschenden Sicht auf die zentralen Bausteine von Innovation und Marktdifferenzierung. In den 80er/90er-Jahren fokussierte sich dies im Rahmen der Lean-Philosophie sehr stark auf die Produktivität der Abläufe. Interessanterweise schloss sich dann eine Schwerpunktsverschiebung hin zu Qualitätsorientierung an, getrieben vom Bestreben, Risiken zu reduzieren und sich über Qualität am Markt auszuzeichnen. Gerade aus dieser Zeit stammen viele Organisationsformen mit erhöhter Schnittstellenzahl infolge des bewusst angestrebten Maßes an Kontrolle und Inspektion. Business Reengineering wurde zum zentralen Begriff und forderte die kompromisslose Neugestaltung von Unternehmen und Prozessen. Unterstützt wurde dies durch die Consultingbranche, in der fast jedes Unternehmen ein eigenes, aber dennoch nicht allzu differenziertes Konzept an den Start brachte. Daher verwundert es kaum, dass Business Reengineering im Endeffekt über alle Unternehmen recht uniforme Ergebnisse brachte. Interessanterweise war es erklärtes Ziel, mittels dieser radikalen Umgestaltung Quantensprünge in Kosten, Qualität, Produktivität und Markterfolg zu etablieren. Dies hat sich erkennbar nicht eingestellt, und über die Gründe mag man lange spekulieren. Auf jeden Fall trägt die über die Consultingbranche eingebrachte Uniformität dazu bei, denn wie sollen vergleichbare Ansätze zu unternehmensspezifischen Quantensprüngen führen. Manche Autoren, darunter Vahs [19], machen unzureichendes Change Management dafür verantwortlich, dass die ursprünglich radikal gedachten Veränderungen trotz allen Aufwandes so vergleichsweise moderat vom Ergebnis her ausfielen. Viel bemerkenswerter muss man allerdings im Licht der ausbleibenden Quantensprünge die kulturellen Implikationen einstufen, die Business Reengineering nach sich zog. Letztlich resultierte eine Kultur der inkrementalen Verbesserung mit minimiertem Risiko, die sich über eine verstärkte Prozessorientierung Ausdruck verlieh. Total Quality Management, Six Sigma, Kaizen und weitere Qualitätsmanagementinitiativen mögen hierzu als illustrierende Beispiele dienen. Natürlich würde niemand der Forderung nach reduzierten Kosten, erhöhter Qualität und Produktivität widersprechen und in den 80er/90er-Jahren konnte man mit dieser Kultur der kleinen Schritte und Kalkulierbarkeit auch noch am Markt Differenzierung erreichen. Heute reicht dies allerdings bei Weitem nicht mehr aus. Wir haben schon mehrfach gesehen, dass lineares Denken (und nicht anderes ist der Prozess der stetigen Verbesserung) an seine Grenzen stößt. Im heutigen Umfeld müssen Organisationen in der Lage sein, Marktvorteile durch Kreativität und kalkuliertes Risiko zu erzielen und dies steht in elementarem Widerspruch zu den Ergebnissen des Business Reengineering. Qualität und eine angemessene Kostenstruktur werden heute erwartet bzw. als gegeben vorausgesetzt und können alleine kein differenziertes Geschäftsmodell tragen.

Es ist also an der Zeit, eine gedankliche Neuorientierung vorzunehmen, um von diesen inkremental ausgerichteten Denkmustern wegzukommen. Führende Autoren wie Vahs [19] sehen weniger die Notwendigkeit der Weiterentwicklung der organisatorischen Strukturen als vielmehr die Auflösung der klassischen Unternehmensorganisation. Zielsetzung ist nicht mehr der ohnehin zum Scheitern verurteilte Versuch, bestehende, den Anforderungen nicht mehr gewachsene „Strukturen und Prozesse des klassischen Aufgabenerfüllungssystems" effektiver und effizienter zu machen. Zu fortgesetzten Verbesserungen von Effizienz und Effektivität muss sich Innovation als Antwort auf erhöhte Wettbewerbsintensität in stagnierenden oder teilweise schrumpfenden Märkten gesellen, begleitet von innovationserhaltendem Change Management in einem globalen Umfeld mit exponentiell zunehmender Dynamik und erhöhter Komplexität. Dies stellt Wissen und individuelle Kompetenzen wieder in den Mittelpunkt und nicht wenige (so auch unser Modell) sehen darin den zukünftigen Wettbewerbsfaktor Nummer eins. In dieser Logik müssen Organisationen zukünftig effektiv in ihrer strategischen Ausrichtung sein, innovativ und effizient hinsichtlich ihrer Leistungen sowie flexibel in ihren Strukturen und Prozessen, um auf Veränderungen von außen schnell und kompetent reagieren zu können. Vahs zitiert folgende Leitlinien für die Gestaltung zukünftiger Organisationen.

- Personenorientierung und Entbürokratisierung: Informelle Strukturen, die mehr Initiative und Kreativität fordern und ermöglichen, ersetzen eine überbordende Prozesskultur. Die Kompetenzen der Mitarbeiter und die im vorigen Kapitel geschilderte Förderung, diese effektiv zum Einsatz bringen zu können, bilden das Fundament einer solchen Organisation.
- Überschaubare und flexible Organisationsarchitekturen mit Fokus auf die speziellen Anforderungen immer spezifisch werdender Geschäftsmodelle. Zentralisierte Strukturen können dies nicht mehr leisten und werden eher zu Hindernissen als zu Erfolgstreibern. Wie oben ausgeführt muss das Leitmotiv lauten: Soviel Businessfokus und Dezentralisierung wie möglich, so viel Zentralisierung wie nötig und unvermeidbar. Die Schwerfälligkeit und mangelnde Ausrichtung großer Organisationseinheiten muss teilautonomen Einheiten weichen, die schneller, mit mehr Fokus und weniger Schnittstellen eine innovationsfreudige businessorientierte Unternehmenskultur unterstützen bzw. formen, in die sich der Mitarbeiter gemäß dem Druckerschen Modell des Wissensarbeiters einbringen kann.
- Diese Flexibilität wird zu einer Mehrdimensionalität der Organisation führen. Neben Funktionen, die zeitinvariante Daueraufgaben erfüllen müssen (F & A, Logistik, klassische Stabsfunktionen eben) gesellen sich weitere Organisationseinheiten, die auf temporärer Basis (Projektbasis) erlauben, effektiv und effizient mit dem erforderlichen Fokus neue, aus dem strategischen Wandel resultierende Aufgaben zu erfüllen.
- Horizontalisierung und Vertikalisierung: Die geforderte Mehrdimensionalität und Zielorientierung resultiert in den flexiblen Organisationsbereichen in horizontal, multifunktional ausgerichteten Strukturen und weniger in vertikaler Hierarchie. Dies darf nicht verwechselt werden mit der heutigen Praxis der Matrixorganisation, in der gerade die Beibehaltung von vertikaler Hierarchie in Verbindung mit horizontalen Strukturen zum zentralen Konstruktionsprinzip erhoben wurde und jetzt ein Haupthemmnis bildet. Die Praxis zeigt heute schon, dass die traditionelle Hierarchie und die sich dadurch ausbildenden Schnittstellen und Trägheiten der organisatorischen Leistungsfähigkeit abträglich sind und deshalb kritisch hinterfragt werden müssen.
- Fokus auf Kundenorientierung: All die vorgenannten Gestaltungsprinzipien „entschlacken" das Unternehmen durch den Abbau von Bürokratie, unnötigem Hierarchieballast und einer fokussierteren Ausrichtung. Dadurch freiwerdende Ressourcen können der kundenzentrierten Arbeit zugeführt werden.

Die Anforderungen solcher Organisationskonstrukte (modulare Organisation, Projektorganisation, virtuelle Organisation) für Mitarbeiter und Führungskräfte sind erheblich. Mitarbeiter müssen in der Lage sein, auf der Basis von

Selbstorganisation und Verständnis von Geschäftsmodellen ihre Stärken in den unternehmerischen Ablauf einzubringen. Führungskräfte müssen Weisung und Kontrolle eine Absage erteilen und einen neuen Führungsstil entwickeln, der sie auf Basis solider Fachkenntnisse befähigt, Strategien zu entwickeln und zu kommunizieren, um Mitarbeitern zu verdeutlichen, worin ihr Beitrag zum Unternehmenserfolg liegt. Die Führungskraft, von einigen verbleibenden Steuerungs- und Koordinationsaufgaben abgesehen, muss das Umfeld aufbauen, in dem Mitarbeiter ihre Stärken zur Entfaltung bringen können, um dadurch innovativ für ein Geschäft aktiv zu werden. Gleichzeitig besteht die Aufgabe der Führungskraft aber auch darin, dieses flexiblere Arbeitsumfeld an neue Rahmenbedingungen anzupassen; Change Management in der von uns beschriebenen Form also. Man erkennt, dass von beiden Seiten, Mitarbeitern und Führungskräften, nicht nur herausragende Fachkenntnisse, sondern auch mindestens ebenso wichtig, soziale Kompetenz gefordert werden müssen, um in dieser Form dem Ruf nach Vielfältigkeit und Flexibilität als Mittel zur Meisterung eines zunehmend anspruchsvolleren Umfeldes nachzukommen.

Mit Blick auf die gegenwärtige Praxis in vielen Unternehmen, gekennzeichnet durch mangelnden Fokus auf businessspezifische Kompetenz, aufwendige Strukturen, gewachsen aus einer Mentalität der „kleinen Verbesserungen", dürfte klar zum Ausdruck kommen, dass erhebliche Änderungen am Status quo erforderlich werden. Der Neuordnung der Organisationsstrukturen und der Transaktionen ihrer Mitglieder kommt demnach eine entscheidende Rolle als möglicher Wettbewerbsvorteil zu, um wirtschaftlichen Erfolg am Markt dauerhaft zu ermöglichen.

Strategie

6

Der Begriff „Strategie" leitet sich vom altgriechischen „strategos" (= Feldherr, Kommandant) ab und bezeichnet allgemein gehalten das längerfristige Anstreben eines Ziel unter Berücksichtigung aller Ressourcen und Mittel [20]. Auf Basis dieser Definition findet man Adaptionen des Begriffes im Militärwesen, der Spieltheorie und eben auch in der Wirtschaft. Dort kann man Strategie als eine Anzahl von Tätigkeiten definieren, aufgrund derer ein Unternehmen langfristig konkurrenz- und damit überlebensfähig bleibt. Schon diese Definition zeigt, dass die Strategie eine wichtige Mittler- bzw. Transformationsrolle zwischen externer Realität und internen Abläufen besetzt. Konsequenterweise nimmt sie in unserem Modell den Platz zwischen Markterfolg (externe Realität) und der Organisation ein, nicht zuletzt, um den zentralen Umsetzungsprozess von extern ausgerichteter Analyse zu intern fokussierter Durchführung und Adaption des Innovationsprozesses hervorzuheben. In dem in unserem Sinne eingeführten Change Management steht die Strategie gleichsam als Verankerung und Ausgangspunkt an einer entscheidenden Stelle, bestimmt sie doch genau die erforderlichen Aktionen und Veränderungen, die ein Unternehmen zu durchlaufen hat, um die Unternehmensziele zu erreichen. So wundert es vermutlich kaum, dass in einer kürzlich durchgeführten Managementbefragung [21] 90 % der befragten Führungskräfte Strategie und strategische Planung als das zentrale Kernelement der Unternehmensführung hervorheben. Erstaunlicherweise geben aber nur verblüffende 8 % an, dass in ihrem Unternehmen eine eindeutige Strategie existiert. Dieses erschreckende Ergebnis lässt sich zum einen sicherlich teilweise auf mangelnde Kommunikation zurückführen, aber auch in sehr kommunikativen Umfeldern treten trotz aller Hochglanzbroschüren und Events noch merkbare Diskrepanzen auf. Befindet sich die Strategie, unabhängig von der Qualität der Kommunikation, also in einem Spannungsfeld zwischen akzeptierter Relevanz und unausgereifter Formulierung – und damit in der Klemme [21]? Versuchen wir die Frage näher zu beleuchten und Gründe für diese offensichtliche

D. Freund, *Wertschöpfende und innovationsorientierte Unternehmensführung*,
DOI 10.1007/978-3-642-39918-3_6, © Springer-Verlag Berlin Heidelberg 2013

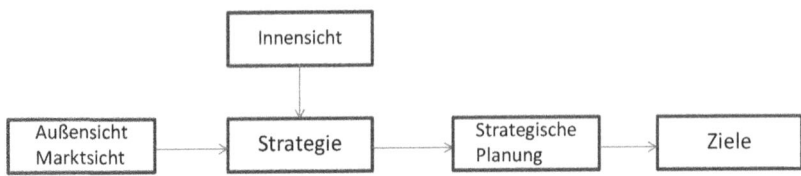

Abb. 6.1 Strategie und strategische Planung

Unstimmigkeit, aber auch Auswege aus dem Dilemma, zu finden. Abbildung 6.1 zeigt sehr schematisch die wesentlichen Bausteine des strategischen Prozesses (wir werden ihn später noch mehr präzisieren).

Der Prozess besteht aus einem analytisch/kreativen Teil, in dem, aufbauend auf einer Analyse der externen und internen Unternehmensumgebung, die eigentliche Strategie entwickelt werden muss, und einem ausführenden Teil, der mittels strategischer Planung Ziele und umsetzbare Aktionen zur Zielerreichung benennen muss. Mängel, die das zitierte Umfrageergebnis erklären können, treten in allen Bereichen auf: Vielfach krankt die externe Analyse, oft ist die interne Analyse schwach ausgeprägt, vermeidet insbesondere Selbstkritik, und, nicht selten zu beobachten, nehmen Ziele den Rang einer Strategie ein. Dies stellt gleich mehrfach ein Problem dar: Einmal in der unzureichenden Formulierung der Strategie an sich, aber auch in einem mangelhaften, auf den Kopf gestellten Ablauf der strategischen Entwicklung.

Die geschilderte Form der Analyse leitet einen Rückkopplungsprozess ein. Ihrer Natur nach muss eine resultierende Strategie langfristig ausgerichtet sein, kann aber trotzdem keineswegs auf eine kontinuierliche Bewertung des Grades der Zielerreichung verzichten, um gegebenenfalls schon frühzeitig zu erkennen, ob sie modifiziert werden sollte. Oft besteht die Gefahr, auf kurzfristige Effekte zu reagieren und Modifikationen taktischer Natur vorzunehmen und somit die langfristige Perspektive zu vernachlässigen, wenn nicht sogar zu gefährden. Ebenso wenig kann man das andere Extrem zulassen und die Rückkopplung gänzlich umgehen. Eine Balance ist hier also erforderlich. Genau diese muss eine gute Strategie ohne Zweifel herstellen. Dies verdeutlicht die zentrale Rolle der Analyseschritte als Teil der Strategieentwicklung, die eben genau jene Unterscheidung ermöglichen müssen, welche Parameter die Nachhaltigkeit der Strategie tragen und welche eher temporärer Natur sind und damit mittels taktischer Maßnahmen beeinflusst werden können. Grundsätzlich schließt eine richtigerweise langfristig ausgerichtete Strategie nicht aus, dass ein Teil nicht auch kurzfristig orientierte Elemente enthält.

Bleiben wir zunächst für einen Moment bei der Analyse der Umgebungsbedingungen eines Unternehmens. Ihre zentrale Bedeutung für den Strategieentwicklungsprozess haben wir jetzt schon mehrfach betont. Die reine Analyse wäre aber wertlos und vermutlich viel zu umfangreich für eine fokussierte weitere Arbeit, wenn sich nicht eine Prioritätensetzung anschließt, um so präzise wie irgend möglich die wichtigen und wesentlichen Probleme zu identifizieren, denen ein Unternehmen gegenübersteht und die seinen langfristigen Erfolg gefährden. Nichts schlimmer als unzureichende Selektion oder unklare Formulierung; beides birgt erhebliche Gefahren, den Strategieprozess schon von Beginn an in Schieflage zu bringen. Nehmen wir ein Beispiel, das sich in dieser oder leicht abgewandelter Form in vielen Strategiedokumenten finden lässt: „Build a leading company ..." („ein führendes Unternehmen aufbauen ..."). Durchaus wohlklingend als Statement, aber es fehlt letztlich doch jede Form von fassbarer Dimension. Was heißt z. B. „Leading"? Welches Unternehmensproblem spricht man damit überhaupt an? Ist dies überhaupt eine Strategie oder eher eine Unternehmensvision, zu deren Konkretisierung man gerade eine Strategie benötigt? Man erkennt hoffentlich, wie entscheidend eine klare und nachvollziehbare, natürlich auf der Analyse aufbauende Formulierung hier sein kann. Erinnern wir uns an eine Forderung unseres Modells, in dem der wirtschaftliche Erfolg ganz wesentlich davon abhängt, Innovation und Change Management in einer zum Wettbewerb differenzierten Art und Weise zu betreiben. Diese Differenzierung fängt, wenig überraschend, mit der Strategie an [22] und drückt sich in der Formulierung der zentralen strategischen Hypothesen aus.

Vielfach springen Unternehmen hier zu kurz. Externer Fokus und vergleichende Analyse führten in den letzten Jahren zu einer Benchmark-Kultur mit weitreichenden Folgen. Im Zentrum dieser Analysen muss selbstverständlich auch das Wettbewerbsumfeld stehen. Ohne Frage kann und sollte man von seinen besten Wettbewerbern lernen. Ein sogenannter „Best-in-class"-Wettbewerber darf aber niemals als Blaupause für die eigene Strategie dienen. Genau dies lässt sich aber oft beobachten, insbesondere getrieben durch die Vielzahl von Unternehmensberatungen, die Benchmarking als Strategietool gerne hochhalten. Was stellt sich in der Folge ein? Unternehmen werden immer vergleichbarer, bedienen sich vergleichbarer Methoden und iterieren sich am Markt in eine von außen (vom Kunden) immer weniger unterscheidbare Position, sowohl mit Blick auf die Produkte als auch deren Positionierung. Wenn also in einem solchen Ansatz eine Differenzierung nach außen fast nicht mehr möglich ist und Märkte und Produkte dadurch zunehmend kommodisieren, dann kann eine Abgrenzung fast zwangsläufig nur noch über Effizienz erfolgen. Die Folgen dieses Effizienzdrucks sind uns schon im vorigen Kapitel begegnet: Übermäßiger Fokus auf Prozesse und interne Transaktion mit all ihren dort diskutierten Folgen für Organisation und Geschäft. Mangelhafte Differenzierung von Strategien und die resultierende Vergleichbarkeit von

Aktivitätensystemen führen also direkt zu einem Verlust von Innovationsfähigkeit und Identität eines Unternehmens.[1] Hier trennt sich die Spreu vom Weizen: Der wahre Stratege vermag, auf Basis einer Analyse (natürlich auch der Wettbewerbsstrategien) eine sein internes Umfeld reflektierende differenzierte Sichtweise zu entwickeln und ein unternehmensspezifisch ausgerichtetes Aktivitätensystem zum Leben zu erwecken, das, durchaus nicht unähnlich der Grundphilosophie der Personalentwicklung, auf den Stärken des Unternehmens aufbaut. Eine gute Strategie weist demnach immer Elemente von Regelbruch als Mittel zur Abgrenzung vom Wettbewerb auf, vermeidet übertriebene Konformität und benennt in der Regel auch sehr klar, was im Rahmen der Strategie als irrelevant eingestuft wird und folglich nicht im Zentrum der Aufmerksamkeit stehen darf. Ebenso vermeidet sie die schon angesprochene Vermischung von Strategie und Zielen. Steigerung von Marktanteilen und Profitabilität, gerne zur Strategie erklärt, sind eben nur diagnostische Größen (und deshalb wichtig), die Auskunft geben, ob sich eine Strategieumsetzung auf dem richtigen Weg befindet. Spezifität und Selektion stehen also im Zentrum des Strategieentwicklungsprozesses, und die zur Verfügung stehenden Analysemethoden müssen dies ermöglichen bzw. unterstützen. Im Lichte der obigen Diskussion verwundert es kaum, dass etablierte und gegenwärtig bevorzugt zum Einsatz kommende Methoden wie das schon erwähnte Benchmarking, die SWOT-Analyse, Marktanalysen oder zu weiten Teilen auch das Five-Forces-Modell [23] vergleichenden Charakter haben, somit den Blick auf das Wettbewerbsumfeld beschränken und dadurch Differenzierung nur vergleichsweise bedingt unterstützen. Neben einer Betrachtung des Wettbewerbs- bzw. Konkurrenzumfeldes muss die Analyse des Unternehmensumfeldes stets weitere Fragenkomplexe in den Mittelpunkt stellen:

- Kunde: Wo steht das Unternehmen hinsichtlich des Kundennutzens, den es generiert? Wo fällt die Kundenzufriedenheit geringer aus als erwartet? Wo besteht folglich Handlungsbedarf? Gibt es Bereiche, die man neu adressieren sollte?
- Kompetenzen und Ressourcen: Hat das Unternehmen die richtigen Kompetenzen und ausreichende Ressourcen und werden diese proaktiv genug im Sinne der Wertschöpfung zum Einsatz gebracht?
- Wie stellt sich das Markt- und Wettbewerbsumfeld dar? Wie kann man sich ausreichend am Markt differenzieren, um Innovation und Effizienz angemessen zu balancieren?

---

[1] Eine „Strategie", die umgekehrt darin besteht, auf Innovation zu verzichten und Effizienzführer zu sein, reicht heute nicht mehr aus.

Die Bearbeitung dieser Themengebiete liefert fundamentale Hinweise auf die eigene Position und das zu fordernde Maß an Veränderungen und Wandel infolge einer möglicherweise erforderlich werdenden Neuausrichtung einer Strategie. Es muss kaum betont werden, dass die tiefgehende Untersuchung dieser Themenkomplexe nur auf Basis eines detaillierten Verständnisses von Geschäftsmodellen und relevanter Expertise möglich ist. Hier schließt sich der Kreis zu den vorigen Kapiteln, und es verwundert kaum, dass differenzierte Strategien gerade nicht in von Generalisten dominierten Umfeldern entstehen. Der vornehmlich datenbasierte Benchmarking-Ansatz und eine Fixierung auf den „Best-in-class"-Wettbewerber hat in einer solchen Kultur symptomatischen Charakter. Wie sollte es auch anders möglich sein, die Gestaltung eines differenzierten Konzeptes erfordert mehr als breit anwendbare, aus Sicht eines Geschäfts aber zu unspezifische Kompetenzen, die sich in der Regel immer durch Forderungen nach Effizienzsteigerung ausdrücken (weil dies eben in gewisser Form eine geschäftsübergreifende generalisierte Grundanforderung darstellt).

Allerdings kann es auch mit den aus der Analyse folgenden Strategiestatements alleine nicht getan sein. Zur Strategie gehört untrennbar auch eine konkrete Umsetzung, die im Zentrum der strategischen Planung steht und deren spezifische Rolle darin besteht, Strategien mittels konkreter Aktionen sowie Projekten zum Leben zu erwecken und Ziele erreichbar zu machen. Erstaunlicherweise finden sich hier Schwachstellen mindestens im gleichen Maß wie in der Strategieentwicklung selbst. Huber [21] nennt sechs Hauptbedingungen für eine stärkere und effektivere Verankerung der strategischen Planung in der betrieblichen Praxis.

• Individualisierung: Kern der strategischen Planung und wichtige Voraussetzung für eine angemessene Implementierung ist zunächst der erklärte Wille der Unternehmensleitung, eine individuelle und differenzierte Unternehmensstrategie zu erarbeiten, die sich von Wettbewerbsstrategien und deren Homogenität sowie Modestrategien (z. B. „Umsatzverdopplung in x Jahren") absetzt und nicht Ziele und Strategie fälschlicherweise gleichsetzt.
• Strategische Planung als Kernaufgabe der Unternehmensleitung: Strategie kann nur funktionieren, wenn sie als Kernaufgabe der Unternehmensführung verstanden wird. Es muss vermieden werden, dass die strategische Diskussion im Management zu kurz kommt und vom operativen Tagesgeschäft verdrängt wird.
• Umsetzungscontrolling: Es muss kontinuierlich und objektiv geprüft werden, ob die Strategieumsetzung plangemäß funktioniert oder ob Korrekturmaßnahmen erforderlich werden.
• Kontinuitätssicherung: Die zunehmend zu beobachtende ansteigende Wechselfrequenz im Top-Management geht in der Regel einher mit strategischen

Wechseln, die die langfristige Ausrichtung von Unternehmen und auch die
Akzeptanz von Strategien bei den Mitarbeitern gefährdet.

- Klare Verantwortlichkeiten: Strategieentwicklung muss Domäne des Top-
  Managements sein; die strategische Planung hingegen baut auf dem Ergebnis
  der Strategieentwicklung auf und sollte dann von entsprechenden Stabsstellen
  durchgeführt werden.
- Klare Prozesse und Methoden: Strategische Planung muss ein klar definierter
  und implementierter Prozess sein und sich weniger, ausgewählter und stabiler
  Methoden bedienen, die sich über einen längeren Zeitraum bewährt haben (auch
  schon um Vergleichbarkeit zu gewährleisten). Endpunkt dieses Prozesses ist eine
  klare Formulierung von Zielen und Umsetzungselementen sowie die Allokation
  von Unternehmensressourcen auf Basis klarer Prioritäten.

Durch diese Elemente lässt sich sicherstellen, dass Strategieentwicklung und strategische Planung nicht zu formalistischer Rhetorik verkommen und stattdessen ein
machtvolles Instrument darstellen, um die langfristige Unternehmensausrichtung
zu sichern.

Vor diesem Hintergrund lohnt es sich, den gesamten Ablauf näher zu beleuchten
und zu diskutieren. Dazu soll die folgende Grafik in Abb. 6.2 dienen, die die Prozesse
der Strategieentwicklung und der strategischen Planung zusammenfasst und in
einen Gesamtzusammenhang bringt. Diese Darstellung der Strategieentwicklung
lehnt sich hierbei an Rumelt [8] an und wird dort als strategischer Kern (kernel)
bezeichnet.

Gehen wir diesen Ablauf schrittweise durch, beginnend mit der Strategieentwicklung. Die Analyse des Unternehmensumfeldes hatten wir schon eingehend
diskutiert. Nochmals sei an dieser Stelle betont, dass es sich hierbei um einen sowohl intern als auch extern ausgerichteten Vorgang handeln muss, um zu einer
ausgewogenen und umfassenden Sichtweise zu gelangen, welche entscheidenden
Probleme das Unternehmen zu adressieren hat. Eine wesentliche Rolle kommt im
nächsten Schritt der sogenannten Strategieleitlinie zu. Sie bringt den Selektions-
prozess inhaltlich auf den Punkt, durch den sich aus einer Vielzahl von denkbaren
strategischen Optionen letztlich die erklärte Richtung der Strategie ergibt. Man
muss hier sehr genau zwischen einer Unternehmensvision und einer Strategieleitlinie unterscheiden. Gibt eine Vision eher die Ambition eines Unternehmens
wieder (z. B. „wir wollen ein führendes Unternehmen der…branche werden")
und hat von daher sehr allgemeine und umfassende Gültigkeit, so muss sich die
Strategieleitlinie gleichsam als Ankerpunkt aller darauf aufbauenden strategischen
Überlegungen aus der Umgebungsanalyse ableiten, Ausgangspunkte für Wettbewerbsvorteile zumindest andeuten und auch schon Hinweise auf eine mögliche

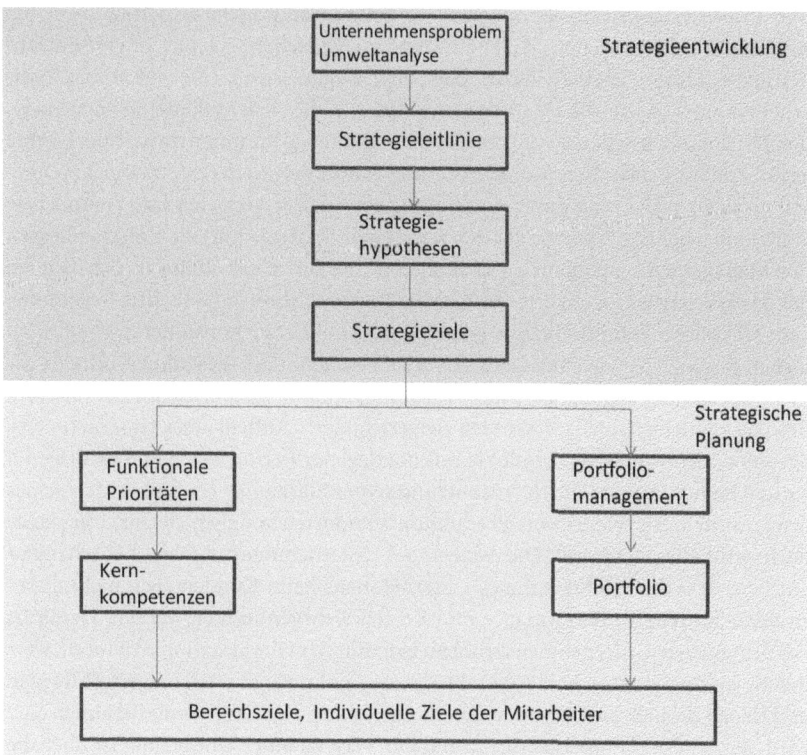

Abb. 6.2 Strategie und strategische Planung in Einzelschritten

Umsetzung enthalten. Strategieleitlinien laufen oft Gefahr, zu unspezifisch und oberflächlich zu bleiben und auf diese Weise die weitere Strategiearbeit schon zu Beginn in Schieflage zu bringen. Betrachten wir ein (bewusst) anonym gehaltenes Beispiel, das all die erwähnten Mängel nahezu prototypisch zum Ausdruck bringt. Etwas verallgemeinert liest sich diese Strategieleitlinie wie folgt: „Der Aufbau eines führenden Unternehmens unter Ausnutzung unserer traditionellen Expertise und firmenweiter Skaleneffekte". Was zunächst auffällt, ist das Fehlen jeglichen Kundenbezugs. Was heißt „führend"? Bezieht es sich auf die kundenrelevante Qualität der Produkte, auf deren Kostenstruktur, womöglich auf die Supply Chain oder gar auf das Produktdesign? Spezifische Details fehlen, ein schwaches Management versagt auf diese Weise in seiner ureigensten Aufgabe, nämlich strategischer Selektion

und Priorisierung nachzukommen. Was heißt „traditionelle Expertise", was hat
man unter „firmenweiten Skaleneffekten" zu verstehen? Derart offene Formu-
lierungen führen letztlich dazu, dass eine Organisation, die auf dieser Basis
arbeiten muss, selbst die Deutung vornimmt und fast zwangsläufig in verschiedenen Organisationsteilen zu verschiedenen Ergebnissen kommen muss. Man könnte
argumentieren, dass diese Konkretisierung erst in den weiteren Strategiehypothesen erfolgen sollte, was durchaus stimmt, aber der Strategieleitlinie kommt nun
einmal die wichtige Aufgabe zu, den Kern einer Strategie und die Entscheidungen
des Managements prägnant zu artikulieren und auf diese Weise in den Köpfen
der Mitarbeiter zu verankern. Sie hat damit, neben ihrer inhaltlichen Bedeutung,
eine erhebliche kommunikative Dimension. Mitarbeiter konsultieren eben nicht
täglich Strategiepapiere, mal ganz davon abgesehen, dass diese ihnen oftmals gar
nicht vollständig zugänglich sind. Warum formuliert man also, um bei unserem
Beispiel zu bleiben, nicht wesentlich zielgerichteter: „Aufbau eines Unternehmens,
das seinen Konsumenten Produkte mit überlegener Performance und niedrigeren
Kosten bietet und dies durch Ausnutzung seiner Stärken in ... und mittels seines
firmenweiten Netzwerks von Produktionsstandorten möglich macht". In dieser
Form wird alles viel klarer. Die Analyse des Unternehmensumfeldes hat scheinbar
ergeben, dass die Produkte dieses Unternehmens beim Kunden eben nicht unbe-
streitbar führend in Performance und Kosten wahrgenommen werden. Damit ist
das dringlichste Unternehmensproblem benannt. Um die Situation zu ändern, werden Kernkompetenzen herausgestellt, die als Konkurrenzvorteil eingestuft werden
und denen deshalb eine besondere herausgehobene Rolle zukommt. In einem Satz
wird alles auf den Punkt gebracht, und der Weg zu einer Umsetzung ist über die
Priorisierung von Strategiefokus und Mitteln klar angedeutet. Die meisten Projekte
und Vorhaben lassen sich schon auf dieser Basis auf ihren Strategiebezug überprüfen. Ein solches Fundament erleichtert den folgenden Schritt in der weiteren
Ausgestaltung der Strategie mittels Strategiestatements erheblich. Generell lässt sich
feststellen, dass eine zu oberflächliche Strategieleitlinie selten von sehr spezifischen
Strategiehypothesen aufgefangen wird. Eine der Oberflächlichkeit oftmals zugrundeliegende Scheu (oder Unfähigkeit) vor Selektion zieht sich in der Regel durch die
gesamte Strategiearbeit. Auch bei Strategiestatements gilt in analoger Form, wenngleich generell auf einem sehr viel höheren Konkretisierungsniveau, die Forderung
nach inhaltlicher Präzision und Selektivität. Dies wird gerne verwechselt mit einer
möglichst geringen Anzahl von Worten. In der Regel wirkt dies kontraproduktiv,
denn inhaltliche Prägnanz korreliert in der Regel selten mit einer Reduktion der Anzahl der Wörter. Nehmen wir wieder ein Beispiel: „profitabel in Markt A und B" –
ein gutes Beispiel, wie man mit wenig Worten jegliche inhaltliche Klarheit und
Schärfe verliert. Impliziert diese „Strategie", dass man in allen anderen Märkten

Geld verlieren darf? Würde man überhaupt in Betracht ziehen, in Markt A oder Markt B unprofitabel zu operieren? Ist also das Strategiestatement Ausdruck eines Selektionsprozesses zwischen zwei denkbaren Alternativen? Hier kommen wir zum Kernpunkt. Strategiestatements, die nicht durch eine Auswahl zwischen möglichen (und sinnvollen) Alternativen entstehen, bleiben wertlos. Hierbei geht es nicht um Scheinalternativen zwischen sinnvollen und offensichtlich sinnlosen Optionen. Man sollte davon ausgehen, dass die Professionalität in einem Unternehmen vermeidet, über sinn- und wertlose Szenarien überhaupt länger nachzudenken. Es geht hier vielmehr um die Auswahl aus mehreren denkbaren und sinnvollen Möglichkeiten und die Ausrichtung und Fokussierung eines Unternehmens auf eine vom Management festgelegte Alternative (unter vielen, die auch sinnvoll wären). Es lohnt sich, sich des in der Sprachforschung etablierten Tautologie-Tests zu bedienen: Man nimmt eine Aussage, negiert sie, und wenn die Negation der Aussage keinen Sinn ergibt oder keine denkbare Alternative darstellt, dann war auch die Aussage selbst nicht mehr als eine Platitüde mit mangelnder Selektivität. Ein weiteres Beispiel: „Aufbau eines erfolgreichen Geschäftsmodells in ... ". Würde jemand ernsthaft die Alternative „Aufbau eines erfolglosen Geschäftsmodells in ... " zur Diskussion stellen wollen? Wohl kaum! Und so fehlt eben jene spezifische Tiefe, die es gerade erlaubt, zu präzisieren, was als „erfolgreich" gelten kann (idealerweise mit Blick auf den Kunden formuliert, z. B. „Wertschöpfung für den Kunden mittels ..., um ein erfolgreiches Geschäftsmodell aufzubauen") und die man in einem Strategiestatement erwarten sollte. Bewusst oder unbewusst entzieht sich ein Management mit derartigen Phrasen seiner Gestaltungshoheit.

Vertiefen die erwähnten Strategiestatements die Strategieleitlinie über eine weitere inhaltliche Selektion, so enthalten gute Strategien noch ein weiteres Gestaltungselement, nämlich auch schon konkrete Hinweise auf die Strategieumsetzung. Hierzu wieder ein vertiefendes Beispiel. Bleiben wir bei unserem Statement (auch wenn es kein gutes ist) „Aufbau eines erfolgreichen Geschäftsmodells in ... ". Grundsätzlich kann man ein solches Ziel (insbesondere wenn es auch noch unscharf formuliert ist), auf verschiedene Arten erreichen, sei es über neue Produkte, Kosteneinsparungen in bestehenden Produkten oder neue Wege der Vermarktung. Es dürfte einleuchten, dass eine Strategie nur auf Basis selektiver Inhalte und mittels ausgewählter Ansätze zur Umsetzung zum Leben erweckt werden kann. Wir haben demnach zwei Ebenen von Strategiestatements, die aufeinander aufbauen und durch ihre Selektivität wertvoll werden. Mängel an Konkretheit öffnen Tür und Tor für Missverständnisse und divergierende Interpretationen, die ihrerseits zu Lasten einer fokussierten Strategieumsetzung gehen.

Bester Ausdruck für diesen Vorgang ist die Ausbildung von sogenannten funktionalen Strategien, die auf einer Gesamtstrategie aufbauen sollen, etwa eine

R & D-Strategie oder eine Strategie für Logistik und Supply Chain. Im Gefühl des Mangels der Gesamtstrategie verselbständigen sich die Teilfunktionen und bemühen sich ihrerseits um eine Antwort, die eigentlich das obere Management schon längst selbst im Rahmen seiner Strategiearbeit gegeben haben sollte. Ein Beispiel aus dem Sport verdeutlicht die Gefahren eines solchen Prozesses: Was würde passieren, wenn plötzlich in einer Fußballmannschaft Sturm, Abwehr und Mittelfeld anfangen würden, Strategien für sich selbst aufzustellen? Das Spiel und die Entwicklung der Mannschaft fiele auseinander, und genau aus diesem Grund wird eine derartige Fragmentierung vermieden. Es gibt eben nur eine Strategie, die vom Trainer und dem Management erarbeitet und festgelegt wird, und aus dieser folgen Handlungsanweisungen für die Mannschaftsteile. Nicht anders sollte es in Unternehmen verlaufen; eine Strategie, die funktionale Unter- und Nebenstrategien nach sich zieht, hat schon von Anfang an ein Problem. Es muss genau eine erklärte Strategie geben und, daraus abgeleitet, Aktionspläne für die Funktionen im Unternehmen. Auf diese Art und Weise vermeidet man fehlende Abstimmung und mangelhafte Koordination der funktionalen Beiträge. Dies setzt natürlich voraus, dass die Strategiestatements ihrer inhaltlichen Natur nach einen kohärenten und vollständigen (heißt widerspruchs- und lückenfreien) Satz von Kernaktivitäten und inhaltlichen Schwerpunkten beschreiben, um das in der Strategieleitlinie beschriebene Unternehmensproblem zu adressieren. Über diese Widerspruchsfreiheit erreicht man mehr oder weniger direkt ein reibungsloses Zusammenspiel der Funktionen und ihrer Schwerpunktsgebiete, um die Strategie zu aktivieren und diese in der sich anschließenden strategischen Planung umzusetzen.

Kommen wir zum letzten Element einer Strategie. Strategieleitlinie, inhaltliche bzw. aktionsorientierte Strategiestatements bilden den Strategiekern (von Rumelt [8] wie schon erwähnt „Kernel" genannt). Ihrer Natur nach richtet sich eine Strategie maßgeblich an externen Randbedingungen aus (eben über das zentrale Unternehmensproblem) und benötigt deswegen noch Zielgrößen, um zu beurteilen, inwieweit die Strategie das Unternehmensproblem löst oder nicht. Wohlgemerkt: Ziele bilden den Endpunkt der Strategieentwicklung oder noch konkreter, sie bilden ein Kontrollelement, um zu beurteilen, ob die Umsetzung sich auf dem richtigen Weg befindet. Ziele für sich genommen sind keine Strategiestatements, beispielsweise ist es keine Strategie, einen Marktanteil von x Prozent zu erreichen. Der Marktanteil nimmt die Rolle eines Kontrollparameters ein und die zu bewertende Strategie wäre beispielsweise mittels Innovation als ein genau zu benennendes Kundenbedürfnis besser zu befriedigen. Ein reiner Blick auf Marktanteile als Strategieelement könnte zu völlig falschen Schlüssen zur Lösung des Unternehmensproblems (im zitierten Beispiel: Zu wenig kundenrelevante Innovation) führen und damit zwar kurzfristig Erfolg generieren, aber mittel- bzw.

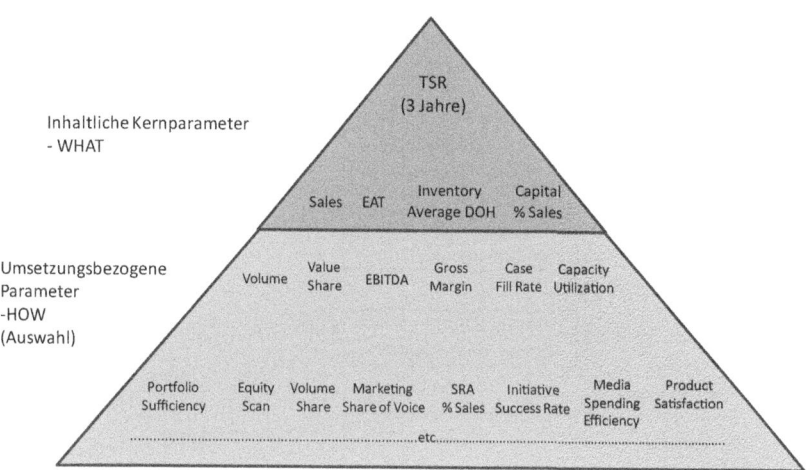

Abb. 6.3 Parameterhierarchie: Zielparameter und diagnostische Parameter nach [24]

langfristig sogar eher schädlich sein (beispielsweise, wenn man sich, um beim Beispiel zu bleiben, Marktanteile durch Preisnachlässe „erkauft" und langfristig in ein Profitabilitätsproblem läuft). Im Gegensatz zu Strategiestatements sind Ziele (und insbesondere gilt dies für finanzielle Ziele) immer kurzfristige Momentaufnahmen, die eine Strategie entweder bestätigen oder Anlass zur Adaption geben, um auf die zunehmende Komplexität des Unternehmensumfeldes reagieren zu können. Genau aus diesem Grund (s. auch Kap. 1) empfiehlt es sich, mit einer beschränkten Anzahl von Zielparametern zu operieren, zum einen, weil die Beurteilung der Geschäftslage nach Kahnemann [6] nicht notwendigerweise durch mehr Daten auch gleichzeitig besser wird (wie wir gesehen haben, trifft eher das Gegenteil zu), aber auch weil viele Parameter letztlich voneinander abhängen und nur wenigen wirklich die Rolle von Erfolgsdeterminanten zukommt. Abbildung 6.3 zeigt ein illustrierendes Beispiel einer solchen Hierarchie in Pyramidenform [24]. Nur die Parameter in der markierten Spitze der Pyramide (bezeichnet als WHAT, also inhaltliche Kernparameter) haben Aussagekraft über den Unternehmenserfolg (hier am Beispiel des Total Shareholder Value). Alle weiteren Parameter beeinflussen diese essenziellen Größen zwar, beschreiben also umsetzungsbezogene Kennwerte (WIE/HOW), deren Beitrag sich zu den WHAT-Parametern akkumuliert, sie können aber nicht isoliert und verabsolutierend als Zielparameter einer Strategie dienen (d. h. mangelnde Performance in einem dieser Parameter kann durchaus durch Übererfüllung eines anderen diagnostischen Parameters überkompensiert werden). Zur Bewer-

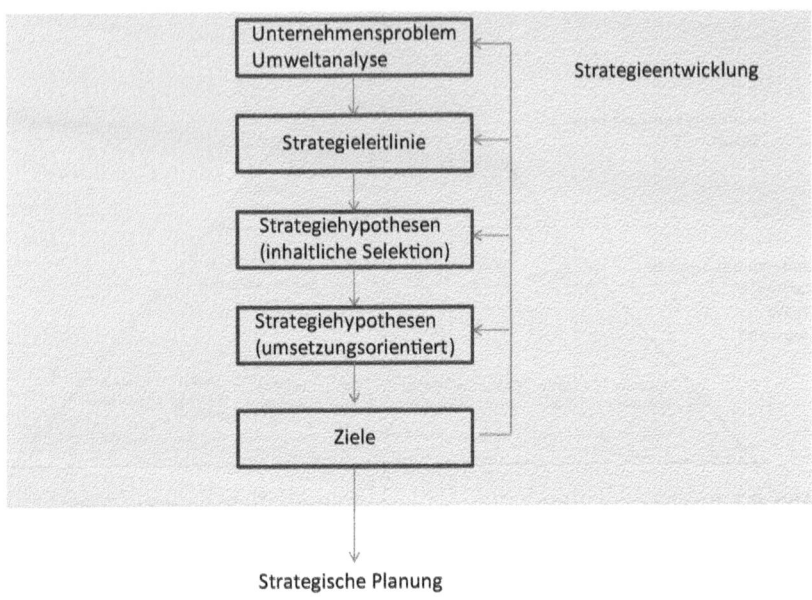

Abb. 6.4 Strategieentwicklung: Einzelschritte

tung kommen nur die „Spitzenparameter" in Frage und in diesem Licht kann man durchaus fragen, ob man die gezeigte Vielzahl der diagnostischen Parameter in ihrer Gänze überhaupt benötigt.

Auf Basis adäquat gewählter Ziele stellt sich Strategieentwicklung selbst, wie bereits erwähnt, als rückgekoppelter Prozess dar, in dem die Beurteilung des Erfüllungsgrades der Ziele gemäß Abb. 6.4 als Ausgangspunkt für modifizierende Eingriffe in die Gestaltung von Einzelschritten dienen kann bzw. muss.

Es empfiehlt sich durchaus, das Ergebnis der Strategieentwicklung übersichtlich zu Papier zu bringen, auch wenn viele Autoren, allen voran Rumelt [8], dies als Schablonenstrategie abtun bzw. abwerten. Auf dieser Basis lassen sich Strategie als auch Ziele gut ins Unternehmen kommunizieren, um so sicherzustellen, dass die Mitarbeiter nicht nur informiert sind, sondern auch ihre Aufgaben in einen Gesamtzusammenhang bringen können. Nicht zuletzt leiten sich die individuellen Ziele aus Teilen der Strategie ab und vielfach ist die Entlohnung der Mitarbeiter an den Erfüllungsgrad der obersten Ziele direkt gekoppelt. Auch deshalb bewährt sich unter anderem die oben eingeführte Pyramidendarstellung der Parameterhierarchie, mittels der man sehr gut nachvollziehen kann, wie individuelle Ziele direkt

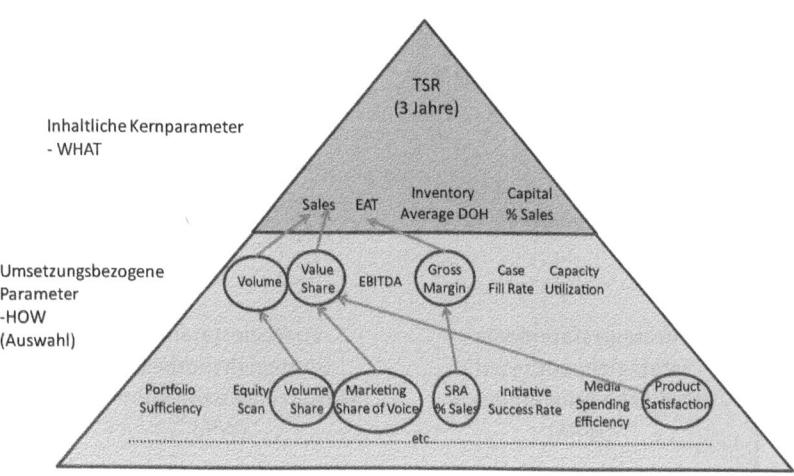

Abb. 6.5 Zusammenhang von diagnostischen Zielen und Endzielen [25]

oder über mehrere Schritte mit den obersten Geschäftszielen als Strategieendpunkt zusammenhängen. Abbildung 6.5 illustriert dies.

Zur Kommunikation der Strategie sollte man vom Umfang her nicht mehr als eine DIN-A4-Seite anstreben. Ein Vorschlag findet sich in Abb. 6.6. Zum einen stellt dies ein handliches Format dar, das vom Leser gut erfassbar ist, zum andern zwingt es aber auch den Verfasser zu einer gewissen inhaltlichen Prägnanz. Selbstverständlich liegen diesem Kurzformat weitere ausführlichere Strategiepapiere zugrunde, die aber nicht unbedingt der vollständigen Organisation zugänglich gemacht werden müssen. Die von diesen Dokumenten zu fordernde Detailgenauigkeit ließe sich ohnehin nur von einem Teil der Mitarbeiter erfassen und in konkrete Tätigkeiten übersetzen.

Wenden wir uns jetzt der strategischen Planung zu. Ihrer Natur nach nimmt diese in unserem Basismodell eine Position zwischen Strategieentwicklung und organisatorischer Umsetzung einerseits, aber auch zwischen Strategieentwicklung und Innovationsprozess andererseits ein. Sie hat demnach zu gewährleisten, dass eine Strategie auf funktionaler Ebene ihren Ausdruck in Organisationsstrukturen und der Ausrichtung von Kernkompetenzen findet, und muss gleichzeitig dafür sorgen, dass die richtigen Innovationsschwerpunkte als Teil eines Portfolios gesetzt werden. Eng damit gekoppelt ist die Steuerung und Priorisierung der Ressourcenverteilung.

Beginnen wir mit den funktionalen Prioritäten. Wie schon erwähnt, ordnen sich diese einer Strategie unter und dürfen nicht den Anspruch erheben, eine Nebenstra-

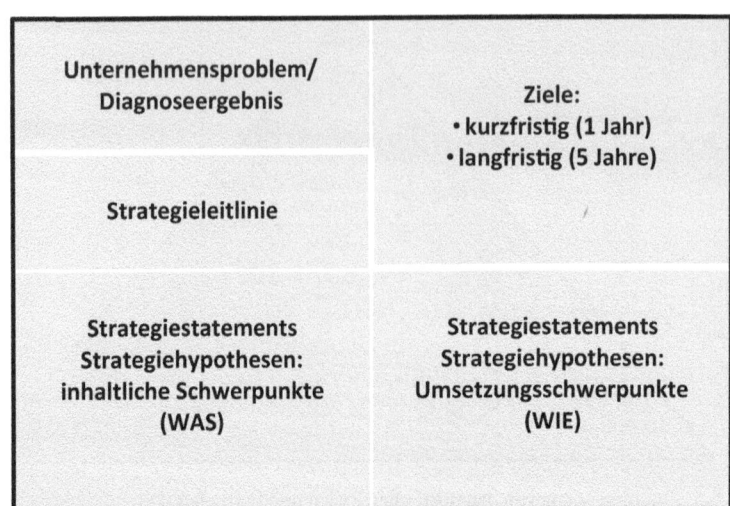

Abb. 6.6 Schematische Darstellung eines zur Kommunikation einer Strategie verwendbaren Dokumentes

tegie zu bilden. Diese Prioritäten sollten sich in Aktionsplänen ausdrücken, deren Inhalt sehr eng an die Strategiestatements und Strategieschwerpunkte gekoppelt sein muss, da diese entscheidende Prioritäten bereits funktionsübergreifend beschreiben. Es muss eine direkte und lückenlose Linie vom WAS und dem WIE der Strategie in die funktionalen Aktionspläne entstehen. Bleiben wir bei unserem früher eingeführten Beispiel in leicht präzisierter Form „Steigerung der Wertschöpfung für den Kunden durch Produktinnovation zum Aufbau eines erfolgreichen Geschäftsmodells". Hier ist recht klar benannt, was den inhaltlichen Schwerpunkt (= WAS) auszumachen hat. Ein umsetzungsbetonter Schwerpunkt (= WIE) könnte wie folgt lauten: „Erhöhung des Researchbudgets, um bessere technische Lösungen zu finden, die die Kundenbedürfnisse in überlegener Form adressieren". In dieser Form spricht dieses Statement vor allem R & D und das Marketing an und eine aufbauende Aktion in R & D könnte lauten: „Erweiterung des Technologiescoutings, um Innovation von externen Quellen in das Unternehmen zu bringen". Der funktionale Aktionsplan hat also vornehmlich das WIE der Strategie zu konkretisieren, spezifisch in der Funktion umsetzbar zu machen und damit eindeutig zu beschreiben, wie sich deren Arbeitsschwerpunkte mit der Strategie verbinden. Idealerweise geht dies soweit, auch noch konkrete Projekte zu benennen, damit unzweifelhafte Klarheit besteht, wie Projekte und Strategie letztlich zusammenhängen. Dies gilt sowohl für produktbezogene als auch für kompetenzbildende Projekte und somit legt der Aktionsplan dar, wie sich die Arbeitsschwerpunkte für eine gesamte Funktion aufteilen und in welcher Form sich die Ressourcen auf diese verteilen. Hier besteht eine enge Kopplung zum Portfolioprozess, der naturgemäß auch Ressourcenverteilung und -priorisierung zu behandeln hat und dadurch Einfluss auf die Gestaltung der funktionalen Aktionspläne nimmt, sowohl im Bereich der Projektbeiträge, aber auch mit Blick auf den Aufbau neuer oder die Erweiterung bestehender Kernkompetenzen, um ein verabschiedetes Portfolio optimal zu unterstützen.

Konkret empfiehlt es sich in einem funktionalen Aktionsplan, noch einmal die für die Funktion relevanten Strategieelemente zu zitieren (in der Regel Diagnose, Leitlinie und ausgewählte WIE- bzw. WAS-Statements), funktionsrelevante Ziele zu benennen und dann sehr konkret aufzuführen, mit welchen funktionsspezifischen Aktivitäten man plant, die Strategie umzusetzen. Am besten geschieht dies wieder im DIN-A4-Format auf einer Seite, und das nachfolgende Bild in Abb. 6.7 soll eine Anregung geben, wie ein mögliches Layout dieses so aufgebauten Aktionsplanes aussehen könnte. In einer solchen Form ermöglicht ein funktionaler Aktionsplan auch einen Konsistenztest der Strategie selbst. Wenn die in der Strategie enthaltenen WIE-Statements (und ihre funktionsspezifische Ausprägung) nicht eindeutig durch funktionale Aktionen umsetzbar sind, dann benötigt die Strategie eine Überarbeitung. Schlussendlich bemisst sich die resultierende Qualität jeder Strategie an ihrer Umsetzbarkeit. Von daher erlaubt die Aufstellung eines funktionalen Aktionsplans eine gute Einschätzung, wo man diesbezüglich am Ende der Strategieentwicklung steht.

Neben den funktionalen Aktionsplänen kommt dem Portfoliomanagement als zweitem Hauptteil (s. Abb. 6.2) der strategischen Planung herausragende Bedeutung zu. Letztlich gibt das Projektportfolio die Antwort, inwieweit die Strategie in der Lage ist, die gesetzten Ziele kurz- und langfristig zu realisieren.

Im Wesentlichen kommen dem Portfoliomanagement drei Hauptaufgaben zu:

- Festlegung der Portfolioarchitektur und der zugehörigen Projekte,
- Priorisierung von Projekten in Verbindung mit der Ressourcensteuerung sowie Risikominimierung des mit dem Portfolio verbundenen Investments,
- Abschätzung des Grades der Erfüllung quantitativer strategischer Ziele und gegebenenfalls Portfoliomodifikationen zur Optimierung.

Abbildung 6.8 zeigt ein Ablaufdiagramm.

Gehen wir die einzelnen Schritte wieder etwas detaillierter durch. Klarer Ausgangspunkt und maßgebliches Fundament jedes Portfolioprozesses bleibt die

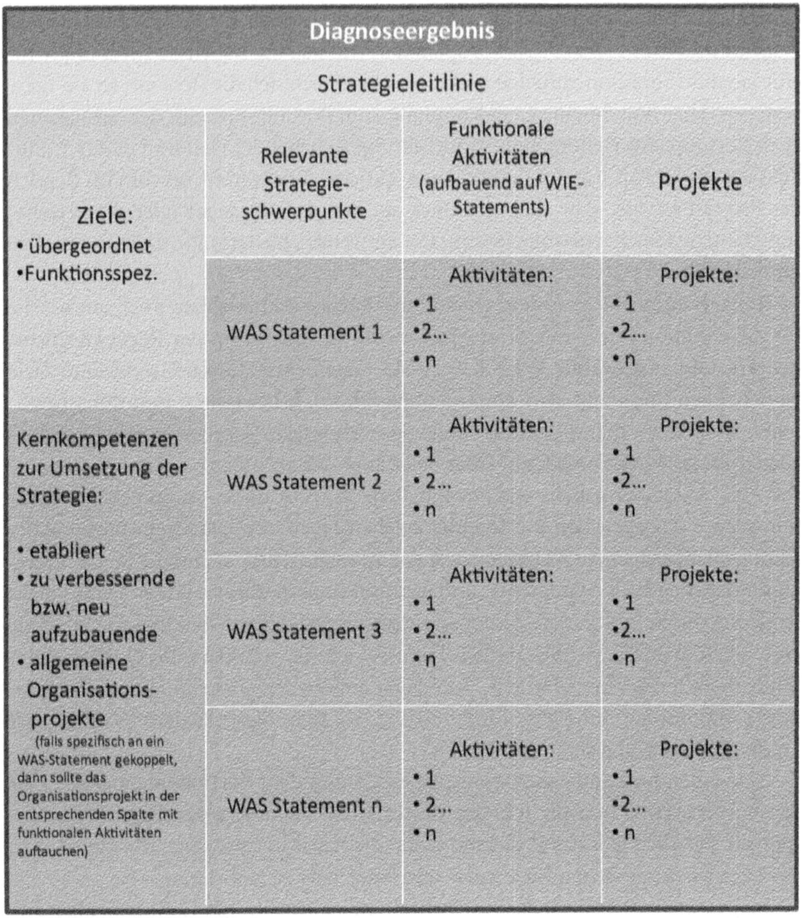

Diagnoseergebnis			
Strategieleitlinie			
Ziele: • übergeordnet •Funktionsspez.	Relevante Strategie- schwerpunkte	Funktionale Aktivitäten (aufbauend auf WIE- Statements)	Projekte
	WAS Statement 1	Aktivitäten: • 1 •2... • n	Projekte: • 1 •2... • n
Kernkompetenzen zur Umsetzung der Strategie:	WAS Statement 2	Aktivitäten: • 1 • 2... • n	Projekte: • 1 •2... • n
• etabliert • zu verbessernde bzw. neu aufzubauende • allgemeine Organisations- projekte	WAS Statement 3	Aktivitäten: • 1 • 2... • n	Projekte: • 1 •2... • n
(falls spezifisch an ein WAS-Statement gekoppelt, dann sollte das Organisationsprojekt in der entsprechenden Spalte mit funktionalen Aktivitäten auftauchen)	WAS Statement n	Aktivitäten: • 1 • 2... • n	Projekte: • 1 •2... • n

Abb. 6.7 Schematische Darstellung eines funktionalen Aktionsplanes

verabschiedete Strategie. Im Einzelfall mögen sich unter einer Dachstrategie eines Unternehmens noch einzelne Produktlinienstrategien ausprägen. In größeren Unternehmen mit vielen Produktlinien und Geschäftsfeldern macht dies durchaus Sinn, solange sich diese Produktlinienstrategien und ihre Ziele klar aus der Unternehmensstrategie ableiten lassen. In einem Portfolio interessiert vor allem die Entwicklung von Umsatz, Profitabilität und Deckungsbeitrag über typischerweise

Abb. 6.8 Einzelschritte des Portfoliomanagements

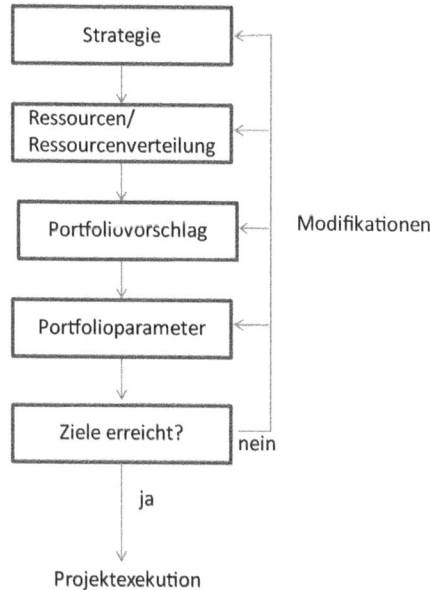

fünf Jahre und diese nimmt eine wichtige Funktion als Steuer- und Beurteilungsparameter ein. Im Rahmen eines Portfolioprozesses kommt noch ein (diagnostisches) Maß hinzu, nämlich die Beurteilung der Ressourceneffizenz. Diese beschreibt, zu welchem Grad der Mitteleinsatz (Ressourcen) ein angemessenes Ergebnis generiert und gibt dadurch Hilfestellung zur Projekt- bzw. Portfoliobewertung. Bei gleichen Ressourcen generiert die effizientere Operation schlichtweg mehr Ertrag bzw. Umsatz. Gängige Effizienzmaße sind beispielsweise Umsatz/Mitarbeiter, Umsatz/eingesetztes Geld oder Net Present Value/Mitarbeiter.

Im Rahmen des Portfolioprozesses interessieren im Wesentlichen zwei Betrachtungsebenen: Einmal die über das Portfolio in seiner Gesamtheit integrierte Sicht auf das Gesamtunternehmen und dessen Performance relativ zu den festgesetzten Zielen, zum andern gibt aber auch die Sicht auf die Kernparameter der Einzelprojekte wertvolle Hinweise, gestattet somit einen Optimierungsprozess und eine daraus abgeleitete Projektselektion. Wie schon gesagt wählt man als Betrachtungs- und Bewertungszeitraum in der Regel fünf Jahre. Festzuhalten ist in diesem Zusammenhang, dass ein so aufgebautes Portfolio gerade in den späteren Jahren seiner Betrachtungsperiode eher hypothetischen Charakter besitzt (eben weil es sich aus Annahmen ableitet, die zum Zeitpunkt des Portfoliodesigns aufgestellt wurden).

So kann man sich durchaus mit Berechtigung fragen, ob ein sehr numerisch angelegter Analyseprozess nicht über das Ziel hinausschießt und eher eine Art Scheingenauigkeit generiert. Die Erfahrung zeigt, dass dies grundsätzlich stimmt, den hypothetischen Charakter kann man nicht wegdiskutieren. Solange man aber die Anzahl der diagnostischen Parameter nicht über die oben skizzierte Struktur ausufern lässt, kann man ein Portfolio durchaus sinnvoll gestalten und dessen Architektur optimieren.

Neben der Strategie interessieren natürlich die vorhandenen Ressourcen als Ausgangsgröße der Portfoliogestaltung. Hierbei muss man differenzieren: Es dreht sich um die für den Innovationsprozess, also direkt für Projekte, zur Verfügung stehenden Ressourcen. Dies sind weitaus weniger als man vielfach denken würde. Einmal bleiben große Teile der Querschnittsfunktionen (HR, F & A) außen vor, aber auch in den unmittelbar einsichtigen, direkt mit Innovation verbundenen Funktionen (Tech Ops, Marketing, R & D) muss man einen großen Anteil abziehen.[2] Zieht man noch in Betracht, dass auch Forschungsprojekte in der Regel nicht Teil eines Portfolioprozesses sind, so wird deutlich, dass die netto verfügbaren Projektressourcen durchaus markant geringer als die Gesamtressourcen sein werden. An dieser Stelle mag die Frage aufkommen, wie man Forschungs- oder Vorentwicklungsprojekte in den Portfoliomanagementprozess aufnimmt. Forschungsprojekte sind anderer Natur und lassen sich nicht mit vergleichbaren Parametern wie „Portfolioprojekte" beschreiben bzw. beurteilen. Sie prägt grundsätzlich eine größere Unschärfe (z. B. kann man für sie keine Deckungsbeiträge bestimmen) und sie müssen deshalb anders behandelt und diskutiert werden. Dies sollte man keineswegs missverstehen und im Umkehrschluss diesen Forschungsvorhaben ein unbeobachtetes Eigenleben gewähren. Schließlich müssen sich nicht wenige Portfolioprojekte aus Forschungsvorhaben speisen. Man tut gut daran, genau festzuhalten, welchen Beitrag man beispielsweise von Forschungsvorhaben erwartet und in welche Projekte des „Downstream"-Portfolios die Forschungs- oder Vorentwicklungsergebnisse daher einfließen sollen. Man hat also genau genommen zwei Portfolios zu koordinieren, die vom logischen Sachzusammenhang aufeinander aufbauen und dadurch die strategischen Ziele erreichbar machen. Abbildung 6.9 illustriert diesen Zusammenhang.

Wie man aus Abb. 6.9 erkennen kann, bemisst sich die Qualität des Forschungsportfolios in letzter Instanz durch den von ihm generierten Umsatz und inwieweit dieser dem vorgeschriebenen Umsatzanteil entspricht, den das Unter-

---

[2] Gründe hierfür lassen sich in großer Anzahl mit Aufwendungen im Rahmen von Organisationsprojekten, Urlaub, Mitarbeiterentwicklung und der Produktpflege zur Unterstützung des aktuell existenten Produktprogrammes benennen.

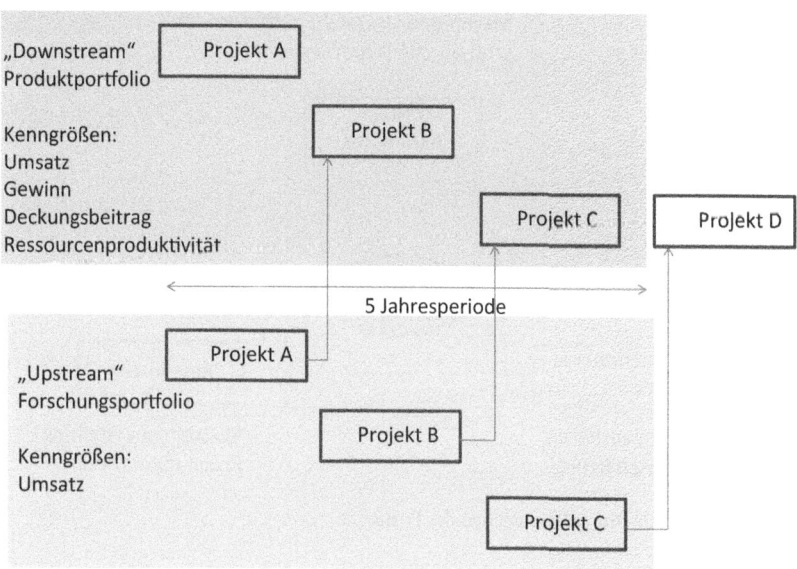

Abb. 6.9 Zusammenhang von Upstream- und Downstream-Portfolio

nehmen aus der Forschung generiert sehen will. Naturgemäß setzt der Einfluss des Forschungsportfolios erst zu einem späteren Zeitpunkt oder gar jenseits der Fünf-Jahres-Betrachtungsperiode ein, was nur unterstreicht, dass man klar benennen muss, in welcher Form Forschungsprojekte in Downstream-Projekte einfließen, um deren Nachhaltigkeit sicherzustellen. Mehr dazu im Abschnitt über Innovationsmanagement.

Kehren wir zurück zum Portfoliomanagementprozess. Wie gesagt bildet die Ressourcenverteilung eine wichtige Ausgangsgröße und Grundlage für den gesamten Ablauf. Im nächsten Schritt müssen die Geschäftsbereiche marktorientiert ihr erstes Zielportfolio aufstellen, mittels dessen sie glauben, ihre strategischen Ziele zu erreichen. Dies erfolgt federführend durch das strategische Marketing. Auf dieser Basis erstellt der Vertrieb dann die daraus zu erwartende Umsatzentwicklung. Parallel hierzu geben die Fachfunktionen, unter ihnen vornehmlich die technischen Bereiche, ihre Einschätzung der benötigten Ressourcen und der finanziellen Aufwendungen für die einzelnen Projekte ab. Schlussendlich ermittelt die Finanzfunktion die resultierenden Portfoliokenngrößen pro Projekt und für das gesamte Geschäft über den vollen Bewertungszeitraum von fünf Jahren. In dieser Form

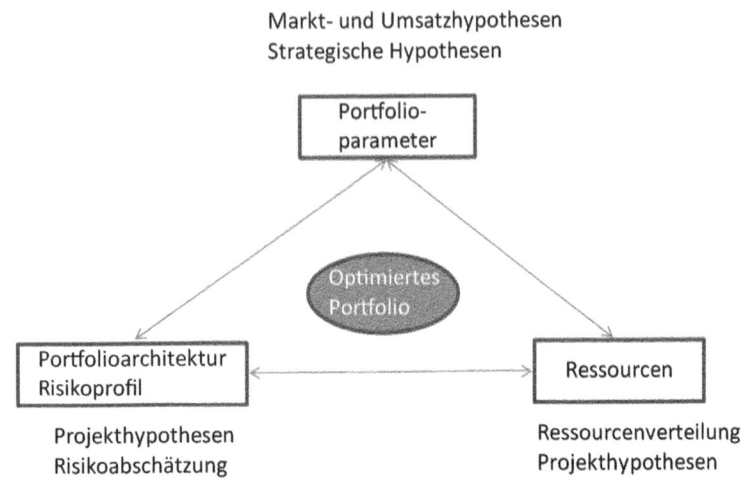

Markt- und Umsatzhypothesen
Strategische Hypothesen

Portfolio-
parameter

Optimiertes
Portfolio

Portfolioarchitektur
Risikoprofil

Ressourcen

Projekthypothesen   Ressourcenverteilung
Risikoabschätzung   Projekthypothesen

Abb. 6.10 Optimierungsdimensionen des Portfolios

kommen alle Informationen für eine bewertende Diskussion zusammen, in deren
Mittelpunkt die folgenden Fragen stehen sollten:

- Erfüllt das Unternehmen bzw. die Geschäftsbereiche mit diesem Portfolio seine
  strategischen Ziele?
- Sind ausreichend Ressourcen vorhanden, um das Portfolio überhaupt bearbeiten
  zu können?
- Wie ist das Risiko- und Investitionsprofil der Projekte zu beurteilen? Liegt
  eine ausreichende Balance vor, um zu vermeiden, dass etwa vornehmlich
  investitionsintensive und technologisch riskante Projekte verfolgt werden?

Die Schwerpunkte dieser Fragen stehen in einem Spannungsverhältnis, welches es
durch den Portfolioprozess zu optimieren gilt (s. Abb. 6.10 als Illustration).

Typischerweise erfüllt das erste Zielportfolio zwar die Vorgaben (eben weil es
eine Art Wunschportfolio ist), weist aber meistens noch Lücken im Bereich der
Ressourcen auf. Dies wirft die Frage der Ressourceneffizienz auf. Holt man aus den
zur Verfügung stehenden Ressourcen wirklich das Optimum heraus oder stehen
dem ineffiziente Abläufe entgegen? Muss also der Innovationsprozess effizienter
gestaltet werden (etwa durch bessere Prozesse, mehr Teamfokus oder erhöhte
Entscheidungsbefugnis auf niedrigeren Hierarchieebenen)? Sind die Ressourcen

zu stark in nicht-projektbezogene Tätigkeiten involviert? Könnte man hier eine andere, bessere Aufteilung innerhalb der Funktionen finden? Oder muss man an der Gesamtverteilung der Unternehmensressourcen Änderungen vornehmen, etwa Querschnittsfunktionen schlanker aufstellen, um so die numerisch freiwerdenden Ressourcen dem Innovationsprozess zuzuführen?[3] Weitere Fragen betreffen die Portfolioarchitektur: Hat man zu viele kleine Projekte mit vergleichsweise geringem Geschäftsbeitrag? Die Erfahrung zeigt, dass gerade diese Projekte, gemessen an ihrem Ertrag, überproportional viele Ressourcen benötigen. Wäre es nicht sinnvoller, diese Ressourcen zur Stabilisierung den größeren Projekten zuzuführen und diese gegebenenfalls noch ertragreicher zu machen oder sie früher in den Markt einzuführen, d. h. „Time-to-Market" zu reduzieren? Umgekehrt sollte man auch nicht den Fehler begehen, sich zu stark in die Abhängigkeit von Großprojekten zu begeben, da diese im Regelfall ein höheres Risiko tragen und man im Sinne des Risikomanagements hier eine gewisse Bedachtsamkeit wahren sollte.

Anhand dieser Fragen sieht man recht deutlich, dass es sich hier um ein hypothesengestütztes, mehrdimensionales Optimierungsproblem handelt, das in der Regel aufgrund der ihm innewohnenden Komplexität keine unmittelbar evidente, selbsterklärende Lösung besitzt.[4] Die Komplexität des Problems lässt es auch naiv erscheinen, eine formelhafte, algorithmische Lösung zu erwarten. Der wahre Wert des Portfolioprozesses liegt somit in der Diskussion und der sich daraus ergebenden Prioritätensetzung durch die Leitungsebene des Unternehmens, die als einzige kraft ihrer Position und Entscheidungsbefugnis die Möglichkeit besitzt, diesen Optimierungsprozess zu einem Abschluss zu bringen. Sie kann sogar im ungünstigsten Fall eine erneute Diskussion über die Strategie anstoßen, falls sich im Rahmen aller existierenden Möglichkeiten kein Weg identifizieren lässt, durch den die ursprünglich gesetzten Ziele erreichbar werden. Ebenso bleibt es der Leitungsebene vorbehalten, eine Abschätzung der Nachhaltigkeit des Portfolios jenseits des Fünf-Jahres-Betrachtungszeitraumes vorzunehmen, d. h. in letzter Instanz zu bewerten, ob ausreichend Ressourcen für Forschungs- und Vorklärungsvorhaben gesichert wurden, um nicht die zukünftigen langfristigen Grundlagen des Geschäfts zu gefährden. Es sei betont, dass dieser Diskussion fast schon eine Governance-Rolle zukommt, denn verantwortungsvolles Management setzt nicht die Unternehmens-

---

[3] Dies kann natürlich in der Regel kein 1:1 Transfer eines Mitarbeiters einer solchen Funktion in einen anderen Bereich sein, für den er/sie gar nicht qualifiziert ist.

[4] Das Problemfeld ist hier sogar noch vereinfacht dargestellt. In der Regel muss man auch noch die konkurrierenden Interessen und Sichtweisen unterschiedlicher Geschäftsfelder gegeneinander abwägen, die oftmals mit aus ihrer Sicht nachvollziehbaren Argumenten Anspruch auf Ressourcen anderer Geschäftsbereiche erheben.

entwicklung aufs Spiel und versündigt sich am Nachhaltigkeitsgebot, in dem es die langfristig orientierten Ressourcen zugunsten eines kurzfristig zu erzielenden Erfolges umschichtet. Man ist gut beraten, schon zu Beginn des Portfolioprozesses die Ressourcen für Forschung und Vorentwicklung festzusetzen, keine Diskussion über eine Reduktion zuzulassen und damit wie schon früher geschildert, diesen „Upstream-Aspekt" in eine separate Betrachtung auszugliedern.

Ein wichtiger Aspekt des Portfoliomanagements besteht in der Einschätzung der Projektrisiken und ihrer Auswirkung auf die numerische Bewertung des Portfolios. Auch hier empfehlen sich von vorneherein festgesetzte Minimalkriterien und die Einführung von Grundregeln zur Projektbewertung. Man muss den stärker hypothetischen Charakter von Projekten erfassen, die sich noch in frühen Phasen befinden (etwa über einen Reduktionsfaktor für die Umsatzerwartung, z. B. für ein Projekt, das in einer frühen Phase zu Beginn der Entwicklung steht, anzunehmen, dass etwa nur 60 % der Umsatzextrapolation eintreffen[5]). In ähnlicher Form empfiehlt es sich, auch das technische Risiko zu bewerten, etwa durch eine Klasseneinteilung auf Basis der Projektgröße und der Ressourcenintensität.

In all diesen Betrachtungen und Diskussionen können vielfältigste Werkzeuge zum Einsatz kommen. Hier sei auf die Literatur verwiesen, die vielfältigste Methoden zur Portfolioanalyse beschreibt [26]. Man sollte den methodischen Aspekt nicht überbewerten; wie schon betont, liegt der Wert dieses Analyseprozesses vornehmlich in der Diskussion. Eine vermehrte Anzahl von Analysen, womöglich noch mit erheblicher Parameterzahl, muss hier nicht unbedingt dienlich sein. Vielfach reichen wenige, aber dafür aussagekräftige Parameter aus, um eine Diskussion um Prioritäten, Risiken und Optimierungen zu ermöglichen, auf deren Basis sich schlussendlich ein Portfolio gestalten lässt, das einmal die strategischen Schwerpunkte adressiert und auch gleichzeitig im Rahmen der organisatorischen und finanziellen Rahmenbedingungen ohne Zielverlust umsetzbar bleibt.

Alles in allem erlaubt eine entsprechend strukturierte Verzahnung von Projektportfolio (Downstream-Portfolio) und Forschungsportfolio (Upstream-Portfolio) mit funktionalen Schwerpunkten zum Kompetenzmanagement (in der Regel eng verbunden mit Forschungsprojekten als sogenannte Technologieprojekte) eine stimmige und weitgehend vollständige Umsetzung einer Strategie in einer strategischen Planung (s. Abb. 6.11).

---

[5] Dies baut auf der Erfahrung auf, dass in der Regel alle Abschätzungen in frühen Phasen zu offensiv, d. h. zu hoch sind, ganz einfach weil diese Projekte noch weitgehende Definitionslücken aufweisen.

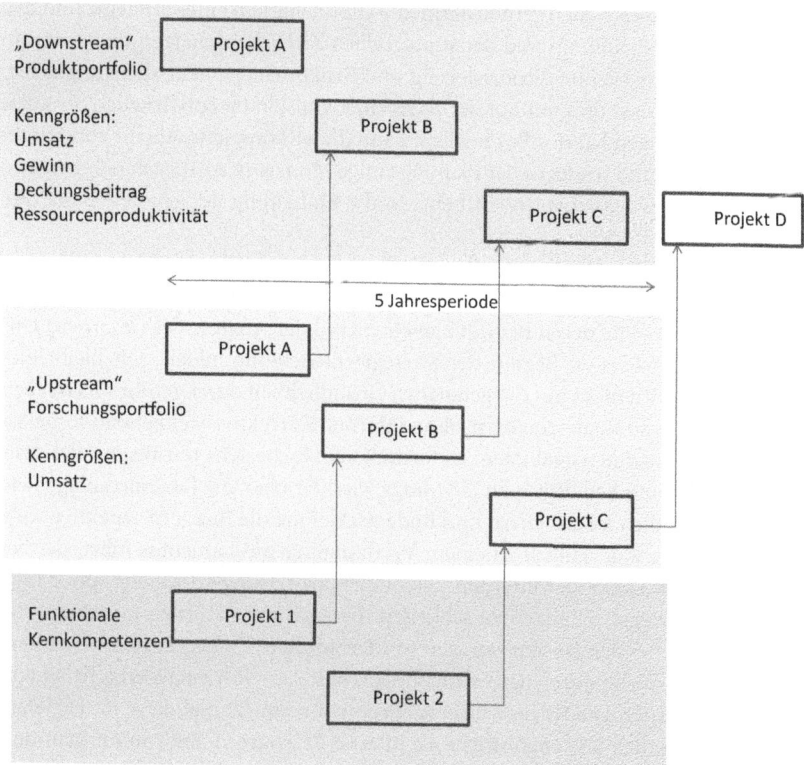

Abb. 6.11 Abstimmung von Upstream- und Downstream-Portfolios sowie funktionalen Kompetenzprogrammen

Wenn Strategie also, wie eingangs dieses Kapitels bemerkt, in der Klemme steckt, woran lassen sich dann die Hauptschwachstellen in Verbindung mit Strategieentwicklung und strategischer Planung festmachen?

Die wesentlichste Schwächung erfahren beide Prozesse meistens durch unzureichende Durchführung und einen Mangel an Disziplin und Konsequenz. So trivial es klingen mag, aber es hat entscheidende Bedeutung, dass die Strategieentwicklung abgeschlossen wurde, bevor die strategische Planung beginnen kann, und oft genug missachten Unternehmen dies. Man wundert sich, wie oft der strategische Planungsprozess auf Basis einer unfertigen, wenig methodisch entwickelten, Strategie beginnt. Führt man sich den letztendlichen Sinn des Portfolioprozesses vor

Augen, besteht dieser eben gerade darin, die Umsetzbarkeit einer Strategie und den
zu erwartenden Erfüllungsgrad der strategischen Ziele abzuschätzen sowie eine an
der Strategie ausgerichtete Priorisierung und Risikomanagement zu ermöglichen.
Es leuchtet ein, dass dies nur auf der Basis einer vollständig entwickelten Strategie
erfolgreich gelingen kann. Alles in allem kann dieser komplette Ablauf von Strategieentwicklung und strategischer Planung einige Monate in Anspruch nehmen und
angesichts dieses zeitlichen Investments ist die Einhaltung der gebotenen Schritte
überdeutlich zu fordern.

Eine weitere klare Schwachstelle entsteht durch eine Fehleinschätzung der zur
Verfügung stehenden Ressourcen (Mitarbeiter und Budgets). Wie wir bereits
gesehen haben, sollte deren Beurteilung einen Teil der Analyse des (internen) Unternehmensumfeldes zu Beginn der Strategieentwicklung bilden. Oft bleibt dies
aber aus oder wird nicht mit der gebotenen Gründlichkeit durchgeführt. Es ist eben
einfacher, eine Strategie zunächst ohne internes Korrektiv, weitgehend losgelöst
von den Unternehmensrealitäten, zu formulieren. Spätestens mit Beginn der strategischen Planung benötigt man allerdings Klarheit über die Ressourcenlage, wie
gesagt, hinsichtlich Mitarbeitern und Budgets. Gerade die Budgetperspektive wird
gerne ignoriert, was vielfach zu einem Verdrängungsmechanismus führt, der bei
Auftreten einer Lücke der internen Ressourcen als Lösung vorschlägt, diese mittels externer Dienstleistungen zu schließen. Dies gelingt natürlich nur, wenn die
dadurch entstehenden Kosten getragen werden können. Da begrenzte interne Ressourcen nicht zuletzt durch begrenzte Budgets bestehen, löst eine Verlagerung von
Arbeit zu externen Dienstleistern dieses Problem nicht (zumal diese in der Regel
auch nicht deutlich kostengünstiger als interne Ressourcen sind, wenn man den
Betreuungsaufwand einkalkuliert).

Es tritt aber auch noch ein weiterer weit verbreiteter Verdrängungsprozess auf.
So kommt man in der Regel in einem Portfolioplanungsprozess an den Punkt, an
dem für ein Portfolio, das die Ziele erfüllen könnte, die Ressourcen fehlen. Dies
leitet dann in der Regel eine (oftmals heftige) Diskussion um Produktivitätssteigerungen ein. Das Potenzial, Produktivität wirklich erhöhen zu können, wird in der
Regel weit überschätzt. Produktivitätssteigerungen sind infolge der permanenten
Bemühungen der letzten Jahre oder Jahrzehnte zu einem weiten Teil erbracht, zumindest in einem Maß, das keinen Raum für weitere Quantensprünge zulässt. Ein
simples „wir müssen ändern, wie wir arbeiten" genügt nicht mehr.

Man kann sich dem Problem von allen denkbaren Seiten annähern und kommt
immer zum gleichen Ergebnis: Weder Produktivitätssteigerungen noch Outsourcing können Entscheidungsstärke und Priorisierungswillen (sowie -fähigkeit) des
Managements ersetzen. Strategieentwicklung und strategische Planung bestehen,
richtig verstanden, zu allererst aus Selektion und Prioritätensetzung vonseiten des

Managements. Kommt ein Management dem nicht nach, so verabsäumt es nicht nur, seine ureigensten Aufgaben zu erfüllen, sondern leitet eine noch fatalere Entwicklung ein. Mit einem unqualifizierten Ruf nach etwa Produktivitätssteigerung reicht man den schwarzen Peter weiter in die Organisationen und Funktionen, die natürlich, dergestalt alleingelassen, auch keine Lösungsmöglichkeit entwickeln können. Im schlimmsten Fall definiert jeder unkoordiniert seine eigene Lösung, und in letzter Konsequenz nimmt die Produktivität sogar ab.

In diesem Zusammenhang nutzt es zudem wenig, wenn man zusätzlich auch noch vor Verlagerung von Ressourcen über Bereichsgrenzen hinweg zurückscheut und ein dadurch möglicherweise bestehendes Potenzial zur Optimierung eines Portfolios und der Reduzierung von kritischen personellen Engpässen vergibt. Naturgemäß böte sich eine Verlagerung von Ressourcen (z. B. aus Querschnittsfunktionen), die mit Aufgaben ohne direkte Relevanz für ein Portfolio betraut sind, in den Portfolioprozess an. Dies kollidiert wenig überraschend mit dem „Territorialdenken" der Funktionen, ruft deren Widerspruch hervor und würde folglich erst recht Prioritätensetzung erfordern, womit sich der Kreis schließt.

Kommen wir zum letzten Element der Kritik: Aus der Natur der Sache muss ein auf Nachhaltigkeit Wert legendes Portfolio einen Zeitraum von fünf Jahren abdecken. Gerade der Fokus auf Nachhaltigkeit verlangt eine ehrliche Einschätzung der Projekte am Ende dieser Phase. Gerne erliegt man an dieser Stelle der Versuchung, an dieser Stelle Projekte einzufügen, die eine Art Platzhaltercharakter besitzen, d. h. man weiß, dass dort vom Markt her ein neues Produkt gefordert wird, hat aber noch keine Lösung dafür und benennt zunächst einmal das erforderliche Produkt, setzt also gewissermaßen voraus, dass dieses sich schon finden wird. Dies mag funktionieren, wenn man Produkte aus einem vorhandenen Pool von Features und Gestaltungsmerkmalen zusammenstellen kann, die Kernentwicklungsleistungen also schon erbracht wurden. Erfordern diese Produkte aber Vorarbeit, etwa in Forschung oder Vorentwicklung, so muss natürlich sichergestellt sein, dass diese zeitgerecht beendet werden kann. Dazu braucht man wieder Ressourcen und in der Regel eine Diskussion um Prioritäten. Hier liegt vielfach die Ursache für Probleme von Produkten am Markt. Ein Verabsäumen bzw. Unterschätzen und eine dadurch unvollständige Vorklärung der wesentlichen funktionstragenden Elemente lässt sich in der Regel nicht kompensieren. Man muss also bei der Planung von (umständehalber unvermeidlich) unscharf definierten Projekten sehr genau die Vorklärungsarbeiten (mit-)planen und dies verdeutlicht nochmals die Bedeutung gut aufeinander abgestimmter und mit ausreichend Ressourcen ausgestatteter Upstream- und Downstream-Portfolios. Das folgende Kapitel über Innovationsmanagement wird diesen Themenkomplex weiter vertiefen.

In seiner Quintessenz lässt sich die vielfach beklagte Schwäche des Strate-
gieprozesses und der strategischen Planung an einem wesentlichen Sachverhalt
festmachen: Der Unfähigkeit oder dem Unwillen eines Managements, Realitäten
zu erkennen und zu akzeptieren sowie auf dieser Basis Entscheidungen zu treffen und Prioritäten zu setzen. Gerade der erste Punkt, nämlich die Akzeptanz
von Realitäten, die sich aus der Analyse der internen und externen Unterneh-
mensumfelder ergeben, macht den Unterschied zwischen einem verwaltenden
und einem gestaltenden Management aus. Dies untermauert wieder einmal unsere
schon mehrfach erhobene Forderung nach einer inhaltlich kompetenten und an den
Notwendigkeiten eines spezifischen Geschäftsmodells gereiften Unternehmensleitung bzw. Führungsebene, denn nur eine solche vermag überhaupt kompetente
Entscheidungen zu treffen. Generalisten neigen immer zu schablonenhaften,
„kochrezeptartigen" Lösungsansätzen (z. B. Ruf nach Produktivitätssteigerung oder
Outsourcing) und verschärfen bestehende Probleme vielmals, anstatt sie in einer für
eine Organisation tragbaren und umsetzbaren Weise zu adressieren. Eine gute Strategie fordert viel von einer Organisation und ihren Mitarbeitern ein, überfordert
sie aber nicht, sondern befähigt und stärkt sie vielmehr letzten Endes durch eine
klare Prioritätensetzung und die dadurch erreichte Ausrichtung und Bündelung
der gemeinsamen Kräfte.

Innovationsmanagement 7

Der im letzten Kapitel beschriebene Prozess des Portfoliomanagements als Teil der strategischen Planung ordnet die Projekte zeitlich ein und bewertet deren Geschäftspotenzial. Was er nicht zum Gegenstand hat, ist die detaillierte inhaltliche Ausgestaltung und Durchführung dieser Projekte. Innovationsmanagement umfasst die systematische Planung, Steuerung und Kontrolle von Innovation, ausgehend von der Ideenentwicklung bis zur Umsetzung in wirtschaftlich erfolgreiche Produkte [27] (und unterscheidet sich aus diesem Grund erheblich von Kreativität). Hier betreten wir ein komplexes Gebiet. Führen wir uns nochmals unser Grundmodell vor Augen, um die Zusammenhänge zu verdeutlichen. Strategie und strategische Planung verwerten externe und interne Analysen, entwickeln daraus Projekte und Ziele für Organisation und Mitarbeiter, um mit deren Hilfe bzw. durch die Resultate ihrer Arbeit zentrale Fragen des Unternehmens zu beantworten bzw. zu lösen. Aufseiten der externen Einflussparameter hatten wir im Wesentlichen zwei benannt: Kundennutzen und Markterfolg. Letztlich hat man zwei Fragen zu bewerten: Wie gut offeriert das Unternehmensangebot Kundennutzen bzw. löst es ein aus Sicht des Kunden wesentliches Problem? Und wie lässt sich die Position am Markt einschätzen? Bis zu einem gewissen Grad bauen diese Fragen aufeinander auf: Ohne ausreichenden Kundennutzen lässt sich Markterfolg nur schwerlich dauerhaft und langfristig erzielen. Wenn also eines der Kernziele jeder Strategie generisch darin bestehen muss, Kundennutzen besser als konkurrierende Unternehmen zu erzeugen oder gar neue Kundenprobleme als erster frühzeitig anzusprechen, so folgt daraus die Notwendigkeit, sich frühzeitig darüber Aufschluss zu verschaffen, was diese Themen sein können und wie man sie aus ihrem Umfeld isolieren und mit internem Know-How in Produkte umsetzen kann. In der Sprache unseres Modells beschreibt dies genau die Aufgabe des Innovationsprozesses, der bei etwas differenzierterer Betrachtung aus zwei Anteilen besteht: Einem vorgelagerten „kreativen", eher gestaltenden Upstream-Teil, der die Grundlagen und Eingangsuntersuchungen für Projekte und Produkte bereitstellt, und einem

D. Freund, *Wertschöpfende und innovationsorientierte Unternehmensführung,*
DOI 10.1007/978-3-642-39918-3_7, © Springer-Verlag Berlin Heidelberg 2013

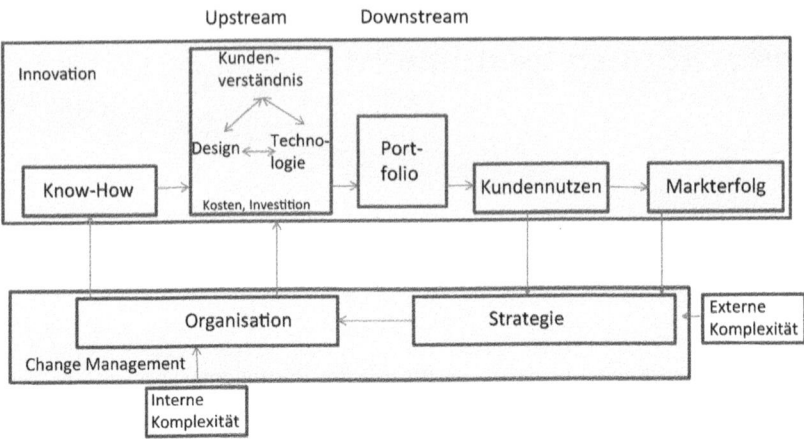

Abb. 7.1 Modifiziertes Grundmodell der unternehmerischen Wertschöpfung

ausführenden Downstream-Teil, der über ein Portfolio definierte und in einen Architekturzusammenhang gebrachte Projekte „abarbeitet".[1] Das verfeinerte Modell in Abb. 7.1 beschreibt dies expliziter als Weiterentwicklung unseres Grundmodells.

Die allgemeine Wahrnehmung schätzt vielfach den Upstream-Prozess als wertvoller, weil eben kreativer, ein und neigt dazu, den Downstream-Prozess demgegenüber nachrangig zu bewerten. Man führe sich etwa vor Augen, wie viele Bücher sich mit dem als kreativ empfundenen Teil von Innovation beschäftigen und wie viele im Gegensatz dazu etwa mit Fragen der Exekution. Man betrachte auch die hochgehandelten „Stars" der Szene. In der Regel stellt man gerne den kreativen „Genius" heraus, der kraft seines Erfindungsreichtums neue Produkte ersinnt, neue Technologien erschafft und durch sein ausgeprägtes Faible und Geschick für Neuheiten glänzt. Demgegenüber erteilt die Öffentlichkeit selten dem präzise arbeitenden „Exekutor" die ihm gebührende Anerkennung. In letzter Konsequenz besteht eine unbefriedigende Einseitigkeit, da ein Unternehmen dringend beide Charaktere braucht. Innovation besteht aus Kreation und Exekution. Bleibt eine dieser beiden Komponenten unterentwickelt, wird zwangsläufig das Ergebnis darunter leiden. In der Regel scheitert Innovation nicht an einem Mangel an Ideen, sondern weitaus öfter an der undisziplinierten Ausführung existierender Ideen.

---

[1] Dies klingt in der Regel leichter als es ist und ist praktisch immer mit mehr Fallgruben und Arbeit verbunden, als man vielleicht zunächst denken mag.

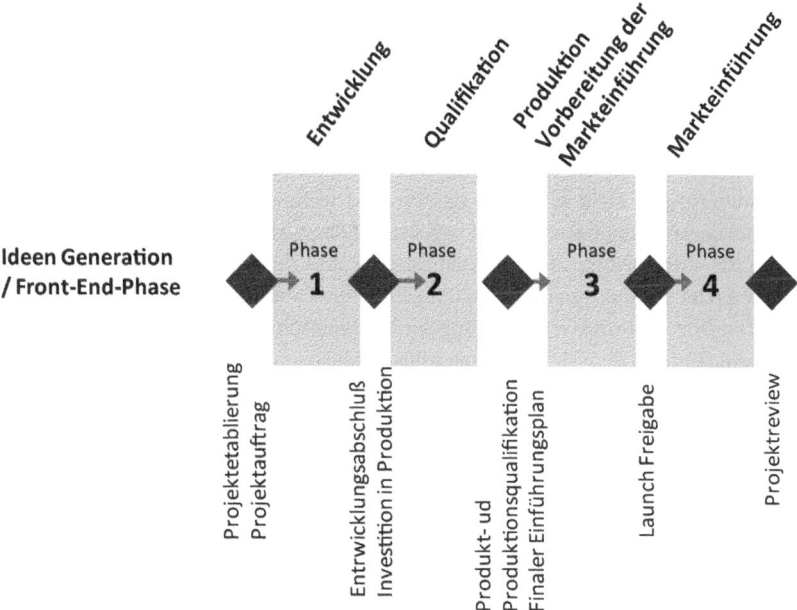

Abb. 7.2 Prinzipieller Ablauf eines Stage-Gate-Prozesses im Downstream-Bereich

Aufbauend auf inhaltlich gut gestalteten und ausreichend mit Ressourcen versorgten Projekten entscheidet deren disziplinierte Durchführung über Erfolg und Misserfolg eines Portfolios. Im Falle von Downstream-Portfolios ermöglicht dies üblicherweise ein Stage-Gate-Prozess, der zu verschiedenen Projektphasen den Nachweis von Meilensteinen erfragt bzw. verlangt, um für ein Projekt die Genehmigung des Managements zur Weiterführung zu erhalten. Auch hier wird vom diesem wieder Entscheidungsfreudigkeit und -disziplin verlangt, nichts schlimmer als Ressourcenverschwendung in Projekten, die nur aufgrund von Entscheidungsunwillen ober -unfähigkeit weiter existieren, obwohl alle Indikatoren und der Erfüllungsgrad der Meilensteine darauf hinweisen, dass wahrscheinlich nach Sachlage ein Scheitern droht.

Wir wollen hier nicht tiefer ins Detail gehen; es gibt ausreichend Literatur über Stage-Gate-Prozesse und detaillierte Darstellungen der erforderlichen Arbeitsabläufe und -strukturen [28]. Abbildung 7.2 gibt aber zumindest einen Überblick über den prinzipiellen Aufbau, spezifische Ausprägungen mögen von Implementierung zu Implementierung variieren, aber die Grundprinzipien bleiben relativ unverändert. Ausgehend von einem Projektauftrag, der Inhalt und Zielsetzung sowie Erfolgskriterien des Projektes beschreibt, startet die kommerzielle und technische Entwicklung. Der erste Meilenstein wird mit Entwicklungsabschluss erreicht. Zu diesem Zeitpunkt muss das Management über den Status von technischer und kommerzieller Entwicklung entscheiden, um weitere Investitionen und Ressourcen für die Fortführung des Projektes freizugeben. Der nächste Entscheidungspunkt steht an, wenn das Produkt technisch in seiner Funktion und Herstellbarkeit qualifiziert ist und sein Marktpotenzial bestätigt wurde. Es beginnt dann die Vorbereitung der Markteinführung und der Produktion, begleitet von fortgesetzter Produktqualifikation. Am Ende dieses Abschnittes stehen eine Produktfreigabe sowie die Genehmigung der Markteinführung. Typischerweise erfolgt die Bewertung an den Meilensteinen mittels transparenter Checklisten und vereinbarter Erfolgskriterien. An die Markteinführung schließt sich nach einer gewissen Zeit (oftmals 6 Monate) ein rückblickendes Projektreview an, um Verbesserungspotenziale zu identifizieren, die im Rahmen neuer Entwicklungen relevant sein könnten.

Abschließend sei betont, dass prinzipiell keiner dieser Prozesse ohne die folgenden Grundlagen auskommen kann: Ausreichende Ressourcen, klare und vor allem inhaltlich stabile Projektziele sowie kompetente und konsequente Entscheidungen des Managements an den Meilensteinen. Kein noch so ausgefeilter Prozess und keine noch so kompetente und motivierte Organisation können diese Mängel dauerhaft kompensieren.

Interessanterweise steht der großen Zahl von Publikationen und Diskussionen über Projektplanung und -ausführung in Downstream-Umgebungen relativ wenig Material über Upstream-Prozesse gegenüber. Dies verwundert angesichts der oben erwähnten öffentlichen Wahrnehmung und Wertschätzung und hat Folgen. Während Downstream-Prozesse typischerweise sehr strukturiert implementiert werden, hat man vielfach den Eindruck, dass der Upstream-Bereich eher eine vom Zufall gesteuerte Natur besitzt (ganz in Entsprechung der oft auftretenden Bezeichnung „Fuzzy Front-End of Innovation"). Wie bereits erwähnt, wird gerne dem Ideal des kreativen Einzelkämpfers und Tüftlers gehuldigt, der je nach Lage seiner Inspiration mit guten Ideen aufwartet. Nichts liegt weiter von der Wahrheit entfernt als diese Denkweise: Gute Ideen beschränken sich nicht auf einzelne, spezielle Charaktere. Man sollte sich davor, hüten durch eine Fixierung auf einzelne Individuen als erklärte Träger des Innovationsprozesses im Nebeneffekt den Rest der Organisation unter Umständen auch noch zu demotivieren. Vor diesem Hintergrund verwundert es kaum, dass zwar im Rahmen von Portfolioprozessen sehr ausgiebig über die Architektur des Downstream-Bereiches gesprochen wird, aber keine vergleichbar ausführliche Diskussion über Struktur und Schwerpunkte des

Upstream-Bereiches an anderer Stelle stattfindet. Gerade dieses Portfolio legt den Ausgangspunkt und die Grundlagen für die Downstream-Arbeit und hierbei hat es insbesondere dafür zu sorgen, Kundenverständnis, Technologie und Design in die ausgewogene Balance zu bringen, die erfolgreiche Produkte erst möglich macht und auszeichnet.[2]

Es mutet fast schon trivial an, dass die Erzeugung von Kundennutzen nur durch tiefes Kundenverständnis möglich wird. Man benötigt aber auch ein entsprechendes Gegengewicht auf der technologischen Seite (funktionsbestimmende Gestaltung) und aufseiten des Designs (ästhetisch-funktionale Gestaltung), um nicht Gefahr zu laufen, eine Illusion zu verfolgen, die zwar beim Kunden Resonanz finden würde, aber leider auf absehbare Zeit unrealisierbar bleibt. Es wurde viel darüber geschrieben, womit der Innovationsprozess zu beginnen habe und in welchem Verhältnis speziell Kundenverständnis und Technologie zueinander stehen müssen. Diese Diskussion kann mitunter recht akademische Züge annehmen und der Blick auf erfolgreiche Produkte und deren Entstehung legt keineswegs nahe, hier eine Wertung vorzunehmen. Die Erfahrung zeigt, dass es wesentlich ist, beide Aspekte mehr oder weniger gleichzeitig zu betrachten, um gerade in dieser „holistischen Ausprägung" alle Produktaspekte berücksichtigen zu können. Ob man dies dann „ideengesteuert", „technologiegetrieben" oder „kundenzentriert" nennen will, mag jedem nach persönlichem Gusto überlassen bleiben, entscheidend ist eine über weite Teile parallele Arbeitsweise, die es gerade ermöglicht, dass sich Querverbindungen ausbilden, sich alle Betrachtungsebenen gegenseitig zum Wohle eines Produktes befruchten und man auf diese Weise vermeidet, einer Technologie ohne Anwendungspotenzial hinterherzulaufen oder umgekehrt einer guten Idee mit Anwendungsrelevanz, die sich leider nicht realisieren lässt. Genau aus diesem Grund muss man fordern, dass gute und sinnvolle Front-End-Arbeit viel mehr beinhaltet als „nur" die landläufig gerne darunter verstandene technisch-wissenschaftliche Forschung oder Vorklärung. Die heutige Kundenwelt und ihre komplexer werdende Natur erfordern ausgeprägte Interdisziplinarität: Kunden wollen eben nicht nur funktionale, sondern auch emotionale und ästhetische Belange adressiert sehen und umgekehrt. Front-End-Arbeit erfolgt am besten in Teams bestehend aus Mitgliedern des strategischen Marketings, der technischen Funktionen und des Designs. Ein solches Team muss Wege identifizieren, wie man in einem Gebiet Kundennutzen differenziert, und mit Blick auf die Konkurrenz überlegen, wie man diese aber eben auch technisch umsetzbar in einer die Markenwerte kommunizierenden Formen- und Farbensprache gestalten kann. Dabei gibt es grundsätzlich zwei denk-

---

[2] Um es nochmals zu betonen: All dies bringt wenig, wenn sich nicht eine disziplinierte und erfolgreiche Umsetzung im Downstream-Bereich anschließt.

bare Herangehensweisen: Einmal bestehenden Kundennutzen zu optimieren, zum andern aber auch neuen Kundennutzen in bisher unbekannten Gebieten zu generieren. Dies lässt sich entsprechend auf der technischen Seite mittels bestehender Technologien oder über neu einzuführende Technologien erreichen. Abbildung 7.3 bringt dies in einem Vierquadrantenmodell zum Ausdruck. Sollte man hierbei einer Kombination bzw. einem Quadranten besonderen Vorzug geben? Nicht unbedingt, hier stellt sich wieder die Frage nach einer vernünftigen Mischung. Jedes Geschäft benötigt ein gesundes Maß an Unterstützung des Basisgeschäftes, charakterisiert durch graduelle Optimierungen an bestehenden Produkten und Produktfamilien, um in einer etablierten Kategorie weiter erfolgreich aktiv bleiben zu können und nicht zuletzt auch zur Optimierung eines erfolgten Investments in eine im Unternehmen bereits eingeführte Technologie. Selbstverständlich sollte man die Kombination von neuen Technologien und der Generierung neuen Kundennutzens nicht außen vor lassen, dies kann spektakuläre neue Geschäftspotenziale eröffnen. Man sieht sich aber auch dem höchsten Risiko gegenübergestellt, schließlich hat man es hier mit der am stärksten hypothetisch ausgeprägten Kombination zu tun: Sowohl die Annahmen über die Attraktivität des neuen Kundennutzens, aber auch die Einstufung der Beherrschbarkeit und auch die Kosten der neuen Technologie können sich als falsch erweisen und bergen daher ein erhöhtes Risiko einer Fehlinvestition. Sofern möglich, erweist sich deshalb in diesem Zusammenhang der Einsatz einer Technologie aus anderen Bereichen des Portfolios (sprich einer anderen Produktkategorie) als besonders fruchtbar, da dies erlaubt, mit vergleichsweise wenig finanziellem Aufwand und technischem Risiko neues Terrain zu betreten und neue Kundenbedürfnisse zu adressieren. Inwieweit es sinnvoll erscheint, bestehende Kundenbedürfnisse mit neuen Technologien abzudecken, mag auf den ersten Blick hinterfragt werden, aber es gibt genügend Beispiele für durchaus erfolgreiche Produkte, die auf diesem Weg entstanden sind, insbesondere, wenn noch Potenzial besteht, den Kundennutzen zu steigern und nur eine neue Technologie dies erschließt.

Es wird und wurde viel über inkrementale und disruptive Innovation geschrieben, und es gibt hierzu vielfältigste Definitionen, Methoden und Einschätzungen [29]. Aus praktischer Sicht hilft diese Semantik wenig weiter und fügt dem Inhalt von Abb. 7.3 wenig Information hinzu. Letztendlich entscheidet nicht die Klassifikation einer Innovation über den Erfolg, sondern der Kunde. Entscheidend bleibt vielmehr, eine gute Mischung von verschiedenen Innovationstypen zu verfolgen, verteilt über alle Quadranten von Abb. 7.3. Dies fordert auch verstärkt die Interdisziplinarität ein: Eine Innovation im Bereich bestehenden Kundennutzens kann oftmals federführend durch das Marketing mit vergleichsweise geringem Grad der Beteiligung der technischen Disziplinen betrieben werden (oftmals dann

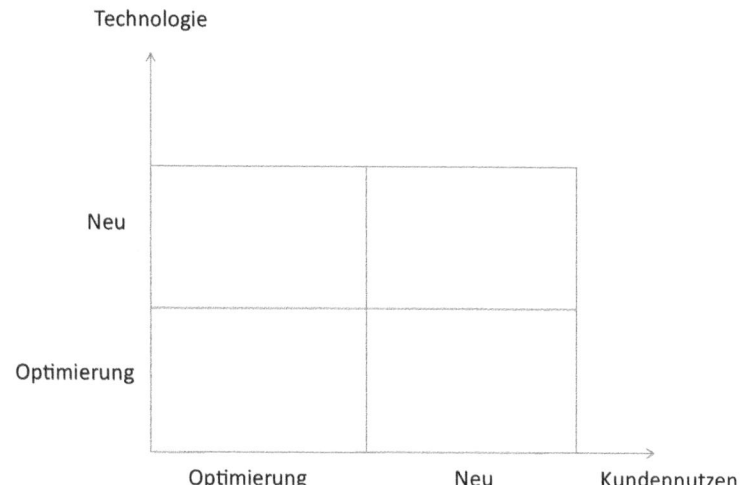

Abb. 7.3 Kombination von Technologie und Kundennutzen

auch kommerzielle Innovation genannt), wogegen technologisches Neuland eine entscheidende Rolle der technischen Funktionen verlangt.

Die Gewichtung der Quadranten in unserem Modell hängt auch maßgeblich vom Selbstverständnis eines Unternehmens und seiner Strategie ab. „Trendsetter" wird man eher im oberen rechten Bereich ansiedeln, sogenannte „Fast Follower" eher in den unteren Feldern. Während der eine sich vornehmlich durch die Beschreitung neuer Wege definiert, so arbeitet der andere eher in einem mehr auf Optimierung ausgelegten Aktivitätensystem, das sich bevorzugt bestehender Elemente bedient als umgekehrt neue zu erschaffen. Es bleibt abzuwarten, inwieweit es die Dynamik unserer Zeit dem „Fast Follower" gestattet, zu überleben. Seine eher reaktive Herangehensweise erscheint jedoch zunehmend antiquiert. Sicherheitsspiel (und genau dies ist es, was den Fast Follower bis zu einem gewissen Grad ausmacht) kann sich heute niemand mehr leisten. Genau aus diesem Grund kommt dem Innovationsmanagement gesteigerte Bedeutung zu, um in Anbetracht aller Notwendigkeit dem Wettbewerber einen Schritt voraus zu sein, nicht dem immanenten Innovationsrisiko durch falsche Entscheidungen und Schwerpunktsetzungen mehr als nötig zum Opfer zu fallen. Gutes Innovationsmanagement zeichnet sich mit Blick auf ein Produkt durch eine ausgewogene und zukunftsorientierte Balance der aus Kundenanforderungen resultierenden Produktmerkmale und ihrer technischen Machbarkeit aus, und dazu gehört eine auf Erfahrung und Expertise beruhende (und diese wertschätzende) Methodik und disziplinierte Steuerung der Umsetzung. Einseitigkeit nutzt niemandem und schon mancher Vertreter der eher generalistischen Schule der „Idea-led Innovation" hat eine harte Konfrontation mit der technischen Realität erleben müssen, die seine gute, und subjektiv oftmals sogar als revolutionär empfundene Idee ins Reich der Zukunft verbannt hat.

Diskutieren wir die Implikationen des Modells aus Abb. 7.3 etwas detaillierter. Es sollte einleuchten, dass zur Optimierung eines bekannten Kundennutzens andere Verfahren zum Einsatz kommen müssen als zur Entdeckung und zur Etablierung neuer Gebiete. Naturgemäß bezieht sich eine Optimierung auf bestehende Produktkonzepte und das Ausmaß, in dem diese in der Lage sind, einen etablierten Kundennutzen zu bedienen. Wie schon gesagt, hat dieser Vorgang eine recht reaktive Grundausrichtung, durch die sich der Verbesserungsbedarf aufgrund von Kundenreaktionen und -rückmeldungen ableiten lässt. Das Optimierungsbedürfnis und dessen Potenzial kann man sehr gut einkreisen, indem man den Kunden zu seiner/ihrer Meinung und Einschätzungen zum Produkt befragt. Dies kann im Rahmen von Fokusgruppen oder als Teil von Use-Tests erfolgen, aber auch Reklamationen oder Gewährleistungsrückläufer können wertvolle Aufschlüsse liefern. Ebenfalls bewährt haben sich Internetscreener, die mit vergleichsweise geringem Aufwand gestatten, große Probandenzahlen zu befragen und deren Feedback zu erfassen. Die Auswahl der Probanden in Fokusgruppen oder Internetscreenern folgt hierbei etablierten Segmentierungsmodellen, die ihrerseits der schon bestehenden Produktpositionierung zugrundeliegen. Zusammenfassend gesagt bedient man sich in diesem Fall etablierter Kundensegmente und deren Erfahrungen und Erwartung für eine bestehende Produktgruppe. Auch wenn dies eine prinzipiell inkrementelle Vorgehensweise darstellt, so sollte man sich davor hüten, den voreiligen Schluss zu ziehen, dass auf dieser Basis nur ein vergleichsweise geringer Beitrag zum Geschäft entstehen könne. In der Regel folgt ein etabliertes Basisgeschäft eines Unternehmens genau diesem Muster bzw. diesem Vorgehen. Aus dessen Bedeutung erklärt sich auch die Relevanz dieses Ansatzes. Im Innovationsmanagement begeht man gern den Fehler, ein Basisgeschäft zu vernachlässigen und den Fokus zu stark auf disruptive (oder diskontinuierliche) Innovation zu richten. Allerdings bestehen auch Grenzen: Die Erfahrung lehrt, dass Optimierungspotenziale schwerer umzusetzen (und zu finden!) sind, je mehr eine Technologie sich am Ende ihres Lebensdauerzyklus oder ihrer S-Kurve befindet, an der gerade die Balance zwischen zu erwartendem Nutzenanstieg und dem Aufwand, um diesen zu erzielen, aus dem Gleichgewicht gerät (s. Abb. 7.4).

An diesem Punkt sind weitere Verbesserungen nur mit übermäßig und überproportional höherem Aufwand zu erreichen, werden aber dennoch immer geringer, sodass im Grenzfall ein weiteres Investment in die Grundtechnologie nicht mehr

Nutzen

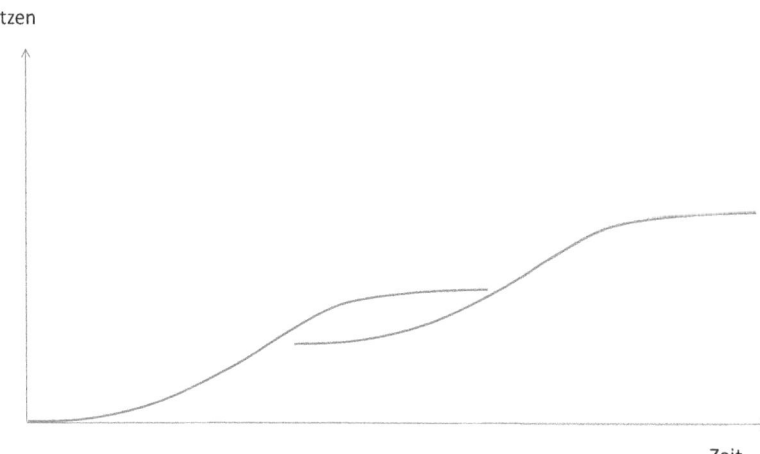

Zeit

Abb. 7.4 Technologie-S-Kurven

lohnt und kaum mehr zu einer wirtschaftlich vertretbaren Basis für Projekte führt. Hier erfordert der Reifegrad der Technologie einen Wechsel (eben einen Sprung auf eine neue S-Kurve, der in der Regel mit neuen Technologien einhergeht). Arbeitet man also im linken unteren Quadrant von Abb. 7.3, so sollte man viel Mühe auf eine Beurteilung des Reifegrades einer Technologie verwenden, um nicht den geeigneten Punkt für einen Technologiewechsel zu verabsäumen und dies mit hohem finanziellen Aufwand zu bezahlen. Dies stellt eine der kritischsten Entscheidungen im Technologiemanagement dar.[3]

Einer völlig anderen Situation begegnen wir, wenn neue Kundennutzen und damit neue Innovationsgebiete erschlossen werden sollen. Hier betritt man ein völlig unbestelltes Feld: In der Regel kennt man weder diesen neuen Kundennutzen und auch nicht die Technologie, die Zugang zu ihm eröffnet. Die auf Optimierung ausgerichteten Methoden versagen hier auf ganzer Linie; insbesondere macht es wenig Sinn, Kunden über etwas zu befragen, was sie nicht kennen. Die Mehrzahl aller Kunden extrapoliert eine bestehende Erfahrungswelt und bleibt damit immer dem inkrementellen Denken verhaftet. Fokusgruppen, Internetscreener oder ähnliche Verfahren unter direkter Kundeneinbeziehung liefern in der Regel keine

---

[3] In der Regel neigt man allerdings dazu, den Zeitpunkt eines Wechsels zu früh als notwendig zu erachten, was die Gefahr birgt, das Potenzial einer Technologie nicht voll auszureizen. Immerhin wird in dieser Weise die Diskussion frühzeitig angestoßen.

ausreichenden Ergebnisse. Zwar gibt es spezielle Verfahren mit „Early Adoptern", also Kunden, die immer an vorderster Front der Produktwelt sein wollen oder mit sogenannten „Lead Usern", Konsumenten, die über spezielle Filter hinsichtlich ihrer Kreativität und ihres Vordenkertums selektiert werden, aber der Erfolg und die Reichweite dieser Methoden hält sich trotzdem in engen Grenzen. Zudem schreckt auch der recht hohe Aufwand zur Identifikation dieser speziellen Kunden ab. Überdies hinaus neigen sie zu Lösungen, die entweder jede technologische Perspektive vielfach außen vor lassen oder umgekehrt zu stark im technologischen Status quo verfangen bleiben, was im Ergebnis wieder nur zu inkrementeller Variation eines bestehenden Produktspektrums führt. Die Ambition, neue Felder zu entdecken, stellt daher hohe Anforderungen. Man muss ein Gefühl dafür entwickeln, wie sich die Welt des Kunden und die technologische Entwicklung zueinander verhalten und wie man beide am besten aufeinander abbildet. Wayne Gretzky hat es mit Bezug auf Eishockey passend formuliert: „Man muss dahin fahren, wo der Puck sein wird, nicht wo er sich gerade befindet." Am besten wird dies durch Trendanalysen und -beobachtungen ermöglicht. Auch hierbei sollte das Hauptaugenmerk nicht auf bereits existierenden, bekannten Trends liegen, sondern vielmehr auf sich gerade formende oder abzeichnende Trends fokussiert werden. Auf diesem Gebiet gibt es Trendscouts und andere Experten, die die Entwicklung der Kundenwelt und daraus resultierende zukünftige Szenarien extrapolieren. Hilfreich ist vielfach auch ein Blick auf Megatrends, da diese oft allgemeinere (und globale) Perspektiven eröffnen. Auch die Wissenschaft der Semiotik bietet Zugang zu hilfreichen Einsichten [30]. Sie beschäftigt sich damit, gleichsam unter der Oberfläche liegende kulturelle Codes freizulegen und auf diese Weise Aufschluss zu geben, was aus Sicht des Marktes, der Konsumenten oder allgemeiner der Gesellschaft in Zukunft relevant sein wird. Dies erfolgt durch Einbeziehung von Experten aus verschiedensten Gebieten, idealerweise solchen, die in an das eigentliche Zielgebiet angrenzenden Feldern aktiv sind. Aus dieser bewusst weit gewählten Perspektive lassen sich die besten Schlussfolgerungen ableiten und gerade in der Schnittmenge verschiedenster Disziplinen ergeben sich vielfach die größten Innovationspotenziale.

Eine sehr erfolgversprechende Methode beruht auf diesem Ansatz und wurde von Verganti [12] unter dem Namen „Design-Driven Innovation" eingeführt. Er untersuchte die Mechanismen hinter erfolgreichen Innovationen und kam auf Basis seiner Arbeit zum Ergebnis, dass diese nicht nur den Kundennutzen erhöhen, sondern sogar noch einen Schritt weitergingen. Sie gaben ganzen Produktkategorien eine neue Bedeutung. Hieraus erklärt sich auch der Name, denn gemäß der lateinischen Herkunft des Wortes „Design" besteht dessen ursächliche Aufgabe darin, Dingen eine neue Bedeutung zu verleihen. Nehmen wir ein populäres Beispiel: Nintendos Wii gab der Kategorie der Spielkonsolen eine neue Bedeutung, indem

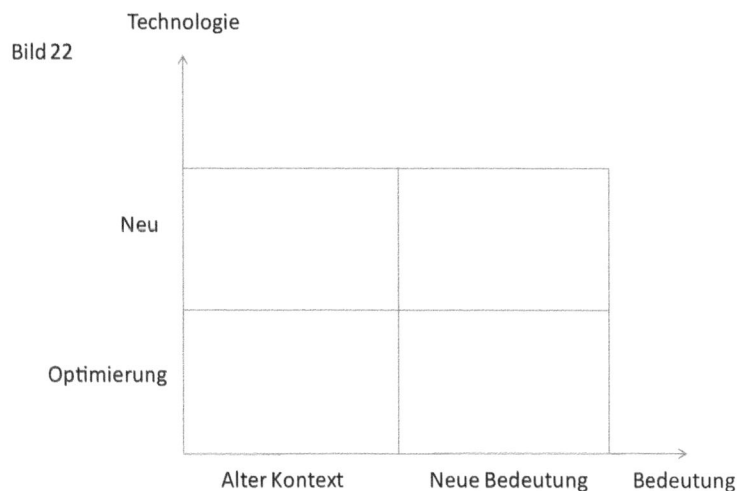

Abb. 7.5 Design-Driven Innovation

es der bis dahin gängigen körperlich passiven und statischen Spielweise eine inter-
aktivere und körperlich aktivere Bedienung gegenüberstellte. An vielen Beispielen
zeigt Verganti, dass dieses Muster der Etablierung einer neuen Produktbedeu-
tung die Grundlage für ausnehmend erfolgreiche Produkte bildet. Vergantis Ansatz
lässt sich durch eine leichte Modifikation unseres Quadrantenmodells beschreiben
(s. Abb. 7.5).

Interessant wird in diesem Modell eine zweite Dynamik: In der Regel, so Verganti, erwächst diese neue Bedeutung aus dem Einsatz einer neuen Technologie. Diese
wirkt dann gleichsam als Katalysator. Typischerweise handelt es sich hierbei um
in anderen Bereichen schon im Einsatz etablierte Technologien, etwa im Falle von
Wii Beschleunigungssensoren. Man muss also nicht zwangsläufig „Design-Driven
Innovation" mit umfangreicher Technologieneuentwicklung verbinden. Weiterhin
weist die Untersuchung darauf hin, dass oftmals ein zweistufiger Ablauf vorliegt:
Die neue Technologie wird erst einmal im Kontext der alten Bedeutung eingeführt,
adressiert also zunächst einmal einen bekannten Kundennutzen, bevor sich dann
die neue Bedeutung entwickelt, etwa durch einen weiteren Ausbau der Technologie,
dadurch ermöglichte neue Positionierung oder neue Claims. Es gibt aber auch Fälle, in denen sich direkt für ein Gebiet eine neue Technologie und neue Bedeutung
gemeinsam entwickeln (s. Abb. 7.6). Apples Erfolg mit itunes folgte diesem Muster: Die Verwendung eines bekannten Musikdatenformates und einer bekannten,

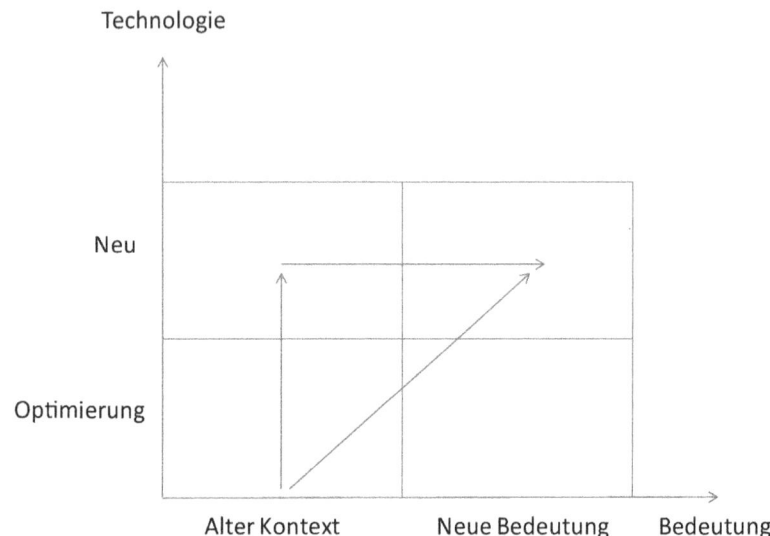

Abb. 7.6 Mögliche Szenarien für Design-Driven Innovation

anderweitig etablierten Verbindungstechnologie ermöglichte diesen revolutionären Ansatz für die Musikindustrie. Ähnlich wie im technischen Bereich verhält es sich auch mit Blick auf den neuen Kundennutzen oder die neue Bedeutung, oftmals findet hier ein Transfer von anderen, im weitesten Sinne verwandten, Kategorien statt. So wird beispielsweise der Schönheitsmarkt mehr und mehr durch Elemente des Wellness- und Fitnessbereichs ergänzt, sodass Schönheit eine neue Dimension erhält. Schönheit liegt eben nur dann vor, wenn sie sich mit Gesundheit paart.

In diesem Zusammenhang kommt Design ein wesentliche Rolle zu: Es muss die neue Bedeutung auch durch Formen- und Farbensprache zum Ausdruck bringen und somit den Zugang des Kunden zu diesen neuen Produkten vereinfachen, ohne hierbei einen Markenkontext und dessen spezifische Designsprache zu vernachlässigen.

Vertiefen wir an dieser Stelle die Rolle des Designs. Unser Modell hebt die Bedeutung schon heraus, indem es Design als gleichberechtigten Partner von Kundenverständnis und Technologie ins Zentrum des Innovationsprozesses setzt. Wie in den einführenden Kapiteln schon betont, befindet sich Design, nicht zuletzt durch Apples Erfolg, in aller Munde. Selten jedoch sieht man es bis zu seiner vollen Bandbreite entfaltet und in seiner möglichen Leistungsfähigkeit eingesetzt. In vielen Fällen, und damit weitaus zu oft, kommt ihm lediglich die Rolle zu, ein Produkt und seine äußere Erscheinungsform zu verschönern. In dieser sehr beengten Sichtweise vermag es jedoch kaum sein volles Potenzial zu entfalten. In der heutigen Unternehmenswelt bildet Design einen Hauptdifferenzierungstreiber eben nicht nur für Produkte, sondern auch für den gesamten Innovationsprozess. Vereinzelte Stimmen gehen sogar soweit, Design als einziges Differenzierungsmerkmal und damit Erfolgsgrundlage in einer Welt mit mehr und mehr allgemeinem Zugang zu Technologien zu sehen. Diese einseitige Perspektive schießt über das Ziel hinaus. Design alleine kann ein Produkt nur sehr selten tragen. Nur im Zusammenspiel mit Kundenverständnis und Technologie kann Identität und Charakter entstehen und in nicht wenigen Fällen ermöglicht erst eine überlegene Technologie die Prägung einer Designsprache und die Realisierbarkeit von ikonischen Designelementen. Als Beispiel mögen wiederum Apples Produkte dienen, deren Existenz dem intelligenten Einsatz von Touchscreen-Technologie oder neuartigen Bearbeitungsverfahren von Aluminium zu verdanken ist. Beleuchten wir die Rolle von Design im Innovationsprozess etwas genauer. Aus zeitlicher Perspektive liegen die Schwerpunkte der Designtätigkeit vornehmlich im Front-End-Bereich. Hier hat sich insbesondere auf den Gebieten der Ideenfindung, der Problemlösung oder auch der Trendinterpretation die Methode des „Design Thinking" bewährt, die auf der für Designer typischen interdisziplinären Arbeitsweise aufbaut, die sich inhaltlich durch eine Kombination von Beobachtung, Verstehen, Ideenfindung, Prototyping und Verfeinerung auszeichnet [31]. Man mag dem entgegenhalten, dass sich jeder qualitativ hochstehende Innovationsprozess ähnlicher Abläufe bedienen sollte, aber gerade das Element des „Prototyping" formt einen wesentlichen Unterschied. Es geht hierbei weniger um das klassische funktionale Prototyping, das erst zu einem späteren Projektzeitpunkt bei Abschluss der Entwicklungsarbeiten möglich wird. Im „Design Thinking" kommt den sogenannten Prototypen vornehmlich eine unterstützende Rolle zu, um Konzepte, Produkt-Features, deren Positionierung oder auch schon erste Designrichtungen zu visualisieren und besser begreifbar bzw. beurteilbar zu machen. Von seiner Form her kann ein so verstandener Prototyp erste dreidimensionale Strukturen haben oder im einfachsten Fall nicht über eine Visualisierung in Skizzenform hinausgehen. Dieser Prozess muss nicht unbedingt von Designern geleitet werden, aber gerade aufgrund ihrer interdisziplinären Ausrichtung kommt ihnen eine wesentliche Rolle in seiner Ausgestaltung und eine Mittlerrolle zwischen den mehr kundenorientierten und den technologiefokussierten Funktion zu. Gute Designer zeichnen sich durch das Vermögen aus, Kunden- und Trendwelt mit Technologie zu verbinden, um daraus anspruchsvoll und unverwechselbar gestaltete Produkte zu formen. Wer diesen Innovationsprozess letztlich leitet, ist, wie gesagt, nahezu unerheblich, solange eine im obigen Sinne beschriebene Diskussion mit der gebotenen Vielfältigkeit stattfindet.

Im Zusammenspiel mit anderen, hierbei besonders den technischen, Funktionen kommt dem Design und den Designern noch eine weitere Rolle zu. Fast schon per Selbstverständnis sollte ein Designer stets versucht sein, die Grenzen des technischen Status quo zu erweitern. Herausragendes Design baut immer auf anspruchsvoller Interpretation und Ausführungsform bestehender Technologie auf oder fordert auf, technisches Neuland zu betreten. Demgegenüber stehen weite Teile der Organisation, die, vor allem in produktionsnahen Bereichen, sehr starkes Augenmerk auf Machbarkeit und Risikominimierung legen (müssen). Es droht also ein Phänomen, das Steve Jobs wie folgt beschreibt: „Phantastisches Design geht vom Designer über zum Entwickler, der es zur Sicherstellung der Funktionalität verändert, dann geht es über zur Produktion, die es in ihrem Sinne beeinflusst und am Ende dieser Kette hat man Essenz und Besonderheit des Designs verloren" [32]. Der Designer arbeitet demnach mit vielen Organisationsteilen zusammen, die naturgemäß eine Tendenz pflegen, seine Ausgangsidee immer mehr einem Kompromiss zuzuführen. Nicht zuletzt, um dies zu vermeiden, erhält Design in Unternehmen mit entsprechender Ausrichtung eine besondere Rolle im Entscheidungsprozess, und in vielen Fällen positioniert sich der oberste Entscheider als entschiedenster Advokat des Designs und hält dessen Erfordernisse gegen alle Kompromissbemühungen aufrecht. Steve Jobs war hierfür sicherlich das prominenteste und markanteste Beispiel. Natürlich sollte man dies nicht als Aufruf missverstehen, jede technische Vernunft zu ignorieren, aber nur allzu oft haben sich vermeintliche Grenzen technischer Systeme als weitaus weniger beengt als angenommen erwiesen. Vielfach waren es gerade Designer, die darauf bestanden, technologische Limits nicht zu akzeptieren und auf Basis ihrer Ausweitung herausragendes Design erst möglich machten. Ähnliches gilt auch für den Umgang mit Trends und den Einsatz neuer Technologien. Designer können und sollen, befähigt durch ihre interdisziplinäre Arbeitsweise und ihre Passion, zusammen mit den anderen Front-End-Ressourcen einen ständigen Innovationsdruck auf ein Unternehmen ausüben, um zu verhindern, dass dieses in Stillstand, Stagnation und Selbstzufriedenheit erstarrt.

Zu guter Letzt leistet Design einen durchaus erheblichen Beitrag zur Markenentwicklung. Auf Produktebene (und in guten, designorientierten Unternehmen auch darüber hinaus im gesamten Markenauftritt) verleiht es den Werten einer Marke einen konsistenten Ausdruck als Teil einer sich organisch entwickelnden Designsprache, die genau festlegt, welche gestalterischen (und damit auch vielfach technologischen) Elemente vom Grundsatz her invariabel bleiben müssen, um nicht den Markencharakter zu kompromittieren, und welche umgekehrt variabel bleiben dürfen, um nicht in berechenbarer und statischer Produktgestaltung zu enden.

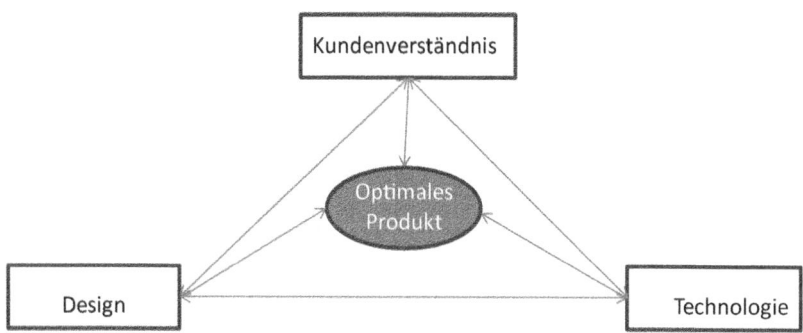

Abb. 7.7 Zusammenspiel im Innovationsprozess

Design leistet, wie dargestellt, einen maßgeblichen Anteil zum Innovationsvermögen eines Unternehmens, der sich eben nicht im Auftrag der Produktgestaltung erschöpft, sondern darüber hinaus Markenidentität und auf diesem Weg letztlich Unternehmenskultur formt. Damit wird es auch zum zentralen Gegenstand des Innovationsmanagements, das gerade zu gewährleisten hat, dass sich Kundenverständnis, Technologie und eben Design optimal ausgewogen ergänzen und stimulieren, um am Markt erfolgreiche Produkte erst möglich zu machen.

Abbildung 7.7 zeigt die notwendige enge Kopplung von Design, Kundenverständnis und Technologie, nicht notwendigerweise in einer vorgegebenen sequentiellen Reihenfolge, sondern vielmehr in einer gegenseitigen Wechselwirkung. Was letztlich die Initialzündung für die Innovation liefert – Design, Kundenoder Technologieperspektive – bleibt weitgehend irrelevant. Dies impliziert aber, dass man sich bereits im frühen Stadium des Innovationsmanagements auf alle Elemente konzentrieren und ein Verfahren bzw. Vorgehen einführen muss, in dem alle drei Träger des Innovationsprozesses ausreichend Einflussmöglichkeit erhalten.

Effektives Innovationsmanagement zeichnet sich durch das Vermögen aus, Kundenverständnis, Design und Technologie von Beginn an so zu synchronisieren und aufeinander abzustimmen, um ein Produkt genau dann verfügbar zu machen, wenn sowohl die Welt des Kunden dafür reif ist und man keinen unüberwindbaren Technologiehürden mehr gegenübersteht. Man hat es hier durchaus mit erheblichen Vorlaufzeiten zu tun. Trends manifestieren sich nicht über Nacht und eine technische Entwicklung mit allen Schritten von Forschung über Vorentwicklung bis zur endgültigen vollständigen Entwicklung und Qualifizierung eines Produktes kann ebenfalls mehrere Jahre in Anspruch nehmen. Die grundlegenden Analysefähigkeiten, die diesen Prozess einleiten und eine Grundlage für die Ausrichtung der

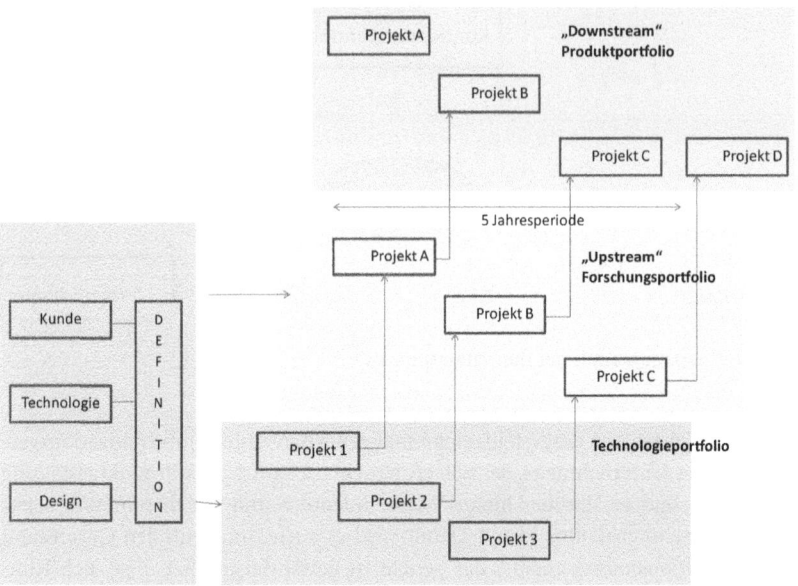

Abb. 7.8 Innovationsmanagement im Gesamtüberblick

Innovationschwerpunkte bilden, können nicht hoch genug eingestuft werden, gerade vor dem Hintergrund der Ressourcenzuweisung. Nichts ist schlimmer als eine Ressourcenverschwendung auf grundsätzlich fehlkonzipierte Projekte. Vor diesem Hintergrund kommt einer gründlichen Definitionsphase entscheidende Bedeutung zu: In ihr kann man schon sehr früh ohne den großen Aufwand späterer Entwicklungsphasen eine Selektion vornehmen und die vielversprechendsten Ideen, Konzepte und Technologien identifizieren, die dann der weiteren Entwicklung zugeführt werden können und diesen Ressourcenaufwand dann auch rechtfertigen. In allgemeiner Form lässt sich der Gesamtablauf des Innovationsmanagements gemäß Abb. 7.8 darstellen.

Vertiefen wir den Blick auf die Front-End-Phasen. Hier hat sich eine systematische Vorgehensweise, nicht unähnlich den etablierten Stage-Gate-Ansätzen im Downstream-Bereich, auch im Innovationsmanagement bewährt. Dies gilt in vergleichbarer Form für Projekte des Technologie- und Forschungsportfolios. In beiden Fällen beschreibt Abb. 7.9 einen bewährten Ablauf.

Wir sehen hierin eine Abfolge von Ideengenerierung, Ideenselektion, Genehmigung und anschließenden Phasen der Projektbearbeitung.

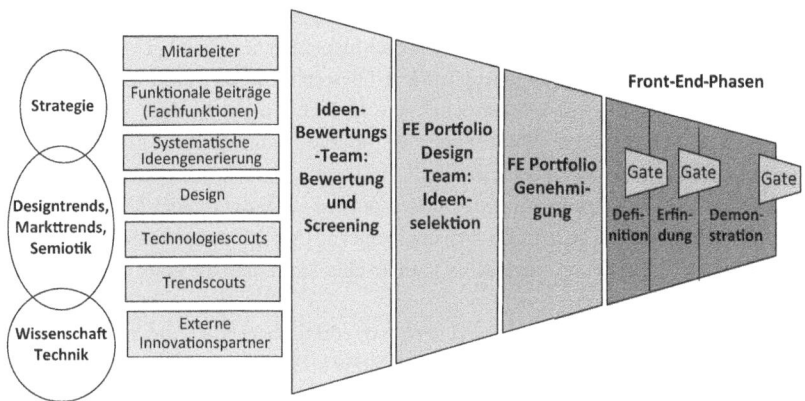

Abb. 7.9 Detaillierte Darstellung des Front-End-Prozesses

Betrachten wir zunächst die Ideengenerierung. Die Breite und Vielfältigkeit der Herkunft und des Inhaltes der Ideen entscheidet über den Erfolg dieser Phase. Hierbei hat es sich bewährt, wie schon angedeutet, auf der Suche nach neuen Kundennutzen und Bedeutungen, aber auch Technologien, gerade keine Kunden zu involvieren, sondern Experten aus anderen Bereichen, die für die eigene Kategorie relevant sein könnten. Dies gilt für den Trend- bzw. Kundenbereich genauso wie für die Gebiete von Design und Technologie. Trend- sowie Technologiescouting bilden also einen zentralen Ausgangspunkt jeder Upstream-Arbeit und jedes Innovationsmanagements, komplettieren somit gezielt interne Kernkompetenzen. Was man allerdings zu leisten hat, besteht gerade darin, die Ergebnisse der Scoutingaktivitäten mit internem Know-How zusammenzubringen, diese mit Blick auf das eigene Geschäft zu bewerten und daraus Produkte zu formen. Breit angelegte „Open Innovation" in Ergänzung zu komplett interner Innovation gibt realistisch eingeschätzt normalerweise Zugang zu Inspiration, technologischen Grundelementen oder Komponenten und gegebenenfalls zu Patenten, aber entscheidend für jeden Erfolg von „Open Innovation" bleibt das Vermögen eines Unternehmens, diese externen Impulse so zusammenzufügen, dass ein im Sinne des Unternehmens oder einer Marke verwertbares Produkt mit einem entsprechenden Design daraus resultiert. Es wäre ein vergleichsweise großer Zufall, wenn über diesen offenen Innovationsansatz Produkte ohne weitere Eigenentwicklungsleistung zu finden wären, die man einfach nur noch dem Vermarktungsprozess zuführen muss.

Es hat sich vielfach bestätigt, dass Ideen aus einem möglichst vielfältig strukturierten Kollektiv immer die größte Qualität besitzen. Somit wird Ideengenerierung nicht zur Domäne einzelner, sondern zum Auftrag an eine gesamte Organisation. Man bedient sich in dieser Form der unternehmensinternen „Schwarmintelligenz". Um das Potenzial der Ideengenerierung am besten zu nutzen und nicht zu richtungslos zu agieren, müssen natürlich die Unternehmensstrategie als auch die wichtigsten Trends jedem Mitarbeiter zumindest soweit bekannt sein, dass er/sie die dringlichsten Probleme/Fragen kennt, für die man eine Lösung sucht. Je breiter die Ideengenerierung nicht nur interne Ressourcen auf individueller Ebene oder als Teil von Ideensessions nutzt, sondern auch externe Quellen wie etwa die erwähnten Trendforscher und Technologiescouts, umso eher kann man die geforderte Vielfalt erreichen und bewahren.

Alle eingehenden Ideen müssen jetzt systematisch erfasst und einer Bewertung zugeführt werden. Hierzu gibt es vielfältige Unterstützung von entsprechend leistungsfähigen Softwarepaketen. Alle Mitarbeiter sollten hier eine Zugangsmöglichkeit erhalten. Dies hat noch einen äußerst begrüßenswerten Nebeneffekt. Man schafft Transparenz und vielfach bauen neue Ideen auf bereits erfassten auf. Man generiert also eine Art Schneeballeffekt und gerade in großen Organisationen kann dies die Ideenvielfalt nochmals erhöhen. Das Grundprinzip der Offenheit und der Vielfalt übertrumpft stets die traditionellen Ansätze wie Brainstormings, die fast schon definitionsgemäß in einem kleineren und dadurch beschränkten Kreis ablaufen müssen. An die Ideengenerierung schließt sich die Ideenbewertung an. Dazu installiert man am besten ein interdisziplinäres Team, das durch seine Zusammensetzung gewährleistet, in der richtigen Form die Perspektiven von Kundenwelt, Technologie und Design einzubringen und aufgrund transparenter Bewertungskriterien eine Auswahl der Ideen vorzunehmen. Auf dieser Basis baut das für den Front-End-Prozess verantwortliche Management Vorschläge für ein Portfolio auf. Hierzu muss natürlich auch noch die Ressourcen- und Budgetperspektive einfließen. Am Ende dieser Phase steht jetzt eine klar (auch von der obersten Führungsebene) priorisierte Liste mit Projekten, die weiter betrachtet werden können und in die nächste Phase der Front-End-Arbeit übergehen.

Aus der sich anschließenden Definitionsphase erwachsen verfeinerte Produktideen, eine erste grobe Abschätzung ihres Potenzials und eine Beschreibung des Klärungsbedarfs auf technischer und kommerzieller Ebene. Technologieprojekte mit Potenzial, das über Einzelprojekte herausreicht, finden Eingang in das Technologieportfolio, Entwicklungsschwerpunkte mit spezifischer Applikation „nur" für einzelne Produkte werden Teil des Front-End-Portfolios, dessen Aufgabe darin besteht, Produktgrundlagen soweit zu erarbeiten, dass sich die Downstream-Projektarbeit nicht mehr mit den technischen Grundfragen auseinandersetzen muss. Dazu etabliert man zwei weitere Phasen, einmal die „Erfindungsphase", zum andern eine sich daran anschließende „Demonstrationsphase". In der Erfindungsphase müssen jetzt alle als Ergebnis der Definitionsphase offenen Fragen geklärt und in dieser Weise entscheidende Grundlagen für ein späteres Produkt erarbeitet werden. Dies reicht von eher kommerziellen Aspekten wie einer verfeinerten und zunehmend quantifizierten Abschätzung des Marktpotenzials, aufbauend auf einer genauen Definition der Kundenzielgruppe und zielgerichteten Positionierungskonzepten, bis hin zur technischen Gestaltung der die Kernfunktion ausmachenden Systeme in Form eines Produktprinzipmusters. Weiterhin sollten erste Designrichtungen festgelegt werden. Am Ende dieser Phase steht eine Entscheidung des für den Front-End-Bereich zuständigen Managements, in wieweit die offenen Kernfragen ausreichend und erfolgreich beantwortet wurden, sowie eine Genehmigung bzw. eine Ablehnung in die Demonstrationsphase einzutreten. In dieser, so wie es der Name auch schon nahelegt, werden über weitere Verfeinerung der technischen Arbeit letzte noch offene Fragen geklärt (insbesondere fließen hier auch Aspekte der Herstellbarkeit und der Kosten ein), und es wird mittels entsprechender Tests demonstriert, dass das Ergebnis der Front-End-Phase erlaubt, auf dieser Basis (wieder genehmigt durch das Management) in die Downstream-Phase überzugehen. Die maßgeblichen technischen „Erfindungen" müssen also schon gemacht sein, bevor die Downstream-Arbeit beginnt. Darüber hinaus muss auch das Produktpotenzial aus Sicht des Kunden und des Marktes hinlänglich gut umschrieben sein, sodass am Ende der Front-End-Phase eine ganzheitliche Vorklärung des Produktes zur Verfügung steht (und dazu gehört auch schon ein Produktdesign). In dieser Weise reduziert man das Risiko für die abschließende Downstream-Entwicklung und sichert ab, dass diese sich zu großen Teilen auf die zeit- und kostengerechte Abschlussentwicklung eines Produktes konzentrieren kann und nicht von Mängeln in der Beantwortung grundsätzlicher Fragen abgelenkt wird. Auch dieses Vorgehen erfordert ein erhebliches Maß an Disziplin und Planung. Technologieprojekte beispielsweise können mehrere Jahre dauern, bevor sie soweit fortgeschritten sind, dass Ergebnisse in Produkten verwertbar werden. Somit erbringt ein Unternehmen in dieser Form erhebliche Vorleistungen in Form von personellen Ressourcen und finanziellem Investment, und man sollte sich aufseiten der verantwortlichen Funktionen sehr klar über die Verbindung eines Technologieportfolios (und der dadurch beschriebenen Technologie-Roadmap) und dessen Überführung in die anderen Portfolios sein[4], um hier nicht Effizienz- und Richtungs- sowie finanzielle Verluste zu riskieren. Eine weitere Gefahr droht immer dann, wenn sich aus verschiedensten

---

[4] Beispielsweise durch die Verwendung von Technologien im Rahmen der konkreten Produktentwicklung. Aus dem Technologieportfolio sollte dabei immer die Entwicklung mehrerer Produkte ermöglicht werden.

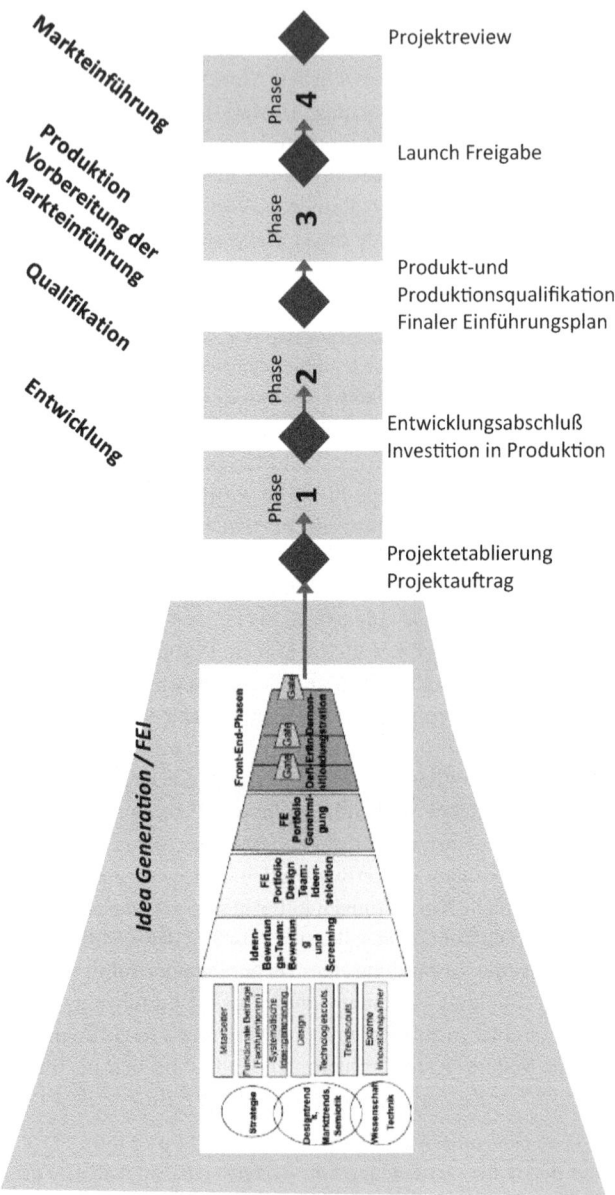

Abb. 7.10 Zusammenfassende Übersicht des gesamten Innovationsmanagements

Gründen (vornehmlich Zeitdruck durch den Wunsch früherer Markteinführungen oder zu wenig geplante und deshalb zu spät startende Technologie- oder Front-End-Projekte) die beschriebenen Front-End-Schwerpunkte in die Downstream-Arbeit verschieben oder gar vollends übergangen werden. Schlüssel zu einer erfolgreichen Downstream-Entwicklung ist eine belastbare Kalkulierbarkeit, schlussendlich verbinden sich mit ihr in der Planung konkrete Markteinführungstermine für neue Produkte. Diese Kalkulierbarkeit durch die inhärenten Risiken unfertiger Technologieentwicklungen aufs Spiel zu setzen, sollte unter allen Umständen unterbleiben.

Letztlich begegnen wir hier wieder einer Form von Risikominimierung im Umgang mit hypothesengestützter Arbeit. Hypothesen können eben auch auf falschen Annahmen beruhen, und je früher und dadurch mit vergleichsweise wenigen Ressourcen man die kritischen Annahmen überprüfen kann, umso eher lassen sich falsche Hypothesen korrigieren oder durch neue ersetzen. Einem Restrisiko muss man sich stellen, und verglichen mit dem oftmals noch weit verbreiteten stochastischen Zugang zu Innovation, basierend auf individuellem Geschick weniger Personen, erlaubt systematisches Innovationsmanagement (nochmals der Übersicht wegen zusammengestellt in Abb. 7.10) die Unsicherheiten in der Ausrichtung von Innovation und zukünftiger Innovationsschwerpunkte merkbar kalkulierbarer zu machen und bietet damit eine große Hilfestellung, um sich als Unternehmen erfolgreich in einem dynamischen Konkurrenzumfeld zu positionieren.

Change Management

8

Der Einfluss externer Veränderungen oder auch die Notwendigkeit, im Unternehmen verfügbare Kernkompetenzen oder organisatorische Abläufe anzupassen bzw. zu erneuern, um Ausrichtung und Erfolg, letztlich also Überlebensfähigkeit zu sichern, formt Strategien und Tätigkeitsschwerpunkte bis auf die Mitarbeiterebene. Die so geforderte Flexibilität und Adaptionsfähigkeit bildet eine Grundvoraussetzung zur Erhaltung oder Stärkung der Innovationsfähigkeit. Ähnlich wie bei Produkten sollte man sich nicht der Illusion hingeben, ein erreichter und möglicherweise sogar ausnehmend erfolgreicher Status quo sei langfristig zu konservieren, ohne negative Auswirkungen dieser Erneuerungsresistenz zu riskieren. Innovationsfähigkeit fängt mit innerer Selbsterneuerung an, sobald deren Notwendigkeit proaktiv spürbar oder erkennbar wird.[1] Nur auf diesem Nährboden kann auch Innovation auf Produktebene gedeihen. Auch wenn breite Kreise, wie schon diskutiert, das Ausmaß der Notwendigkeit des Wandels, speziell der inhaltlichen Neuausrichtung, gerne überschätzen (oder instrumentalisieren), so erfordert nichtsdestotrotz die wachsende Komplexität des Umfeldes entsprechende Anpassungsbereitschaft und -fähigkeit. Dies adressiert im Wesentlichen zwei Ebenen. Im strategischen Bereich besteht die Aufgabe des Managements darin, neue Fragen des Umfeldes mittels strategischer Ziele, Innovationsmanagement und individuellen Aktionsplänen zu adressieren. Dies reicht aber bei Weitem noch nicht aus. Strategien beschreiben in der Regel erforderliche Korrekturen oder Neuausrichtungen des Unternehmenskurses. Was in dieser Form sehr stringent und abgerundet klingen kann, enthält im Kern aber eine mitunter erhebliche Herausforderung an jeden Mitarbeiter eines Unternehmens, denn letztendlich berührt der in der Strategie umschriebene Wandel sein Arbeitsgebiet, und auf einer individuellen Ebene muss jeder für sich die Veränderung meistern. Die Annahme, ein Wandel sei über

---

[1] Und nicht erst, wenn die äußeren Umstände einem den Wandel „aufdiktieren".

D. Freund, *Wertschöpfende und innovationsorientierte Unternehmensführung*,
DOI 10.1007/978-3-642-39918-3_8, © Springer-Verlag Berlin Heidelberg 2013

Strategien und Zielvorgaben ausreichend gestaltbar, erweist sich in der Regel als fa-
taler Irrtum und als Fehleinschätzung der menschlichen Natur. Eine Veränderung
verständlich zu machen und diese auf individueller Ebene akzeptiert oder gar begrüßt zu sehen, unterscheidet sich maßgeblich von der Formulierung eines Aktions-
und Arbeitsplans für einen Mitarbeiter. Die professionelle und effektive Gestaltung
eines Wandels bis auf die letzte Stufe einer Organisation bezeichnet man gerne
auch als „Change Management". Allgemein formuliert benötigt man Change Management, wenn Unternehmensabläufe und Tätigkeitsschwerpunkte nicht mehr
zum gewünschten Erfolg führen, oder in Gefahr geraten, zukünftig nicht mehr
den avisierten Erfolg erbringen zu können – also in Situationen des strategischen
Umbruchs oder von Strategiemodifikation bzw. -erweiterung. Was sich in dieser
Form sehr nüchtern und rational nachvollziehbar anhört, trifft in der Realität auf
sehr unterschiedliche Reaktionen. Letztlich verlangt man vom Mitarbeiter eine
Änderung der individuellen Arbeitsumstände. Dies erzeugt zutiefst menschliche
Reaktionen wie Skepsis, Irritation, Frustration bis hin zu Verdrängung, begründet
darin, dass jetzt plötzlich akzeptierte und möglicherweise sogar erfolgreiche Wege,
die eine Unternehmenskultur geprägt haben, auf Basis von neuen strategischen
Hypothesen überholt erscheinen und ersetzt werden sollen. Oftmals liegen diesen
Reaktionen auch elementare Ängste (z. B. Verlust des Arbeitsplatzes) zugrunde.
Wandel reißt ein Individuum aus seinem etablierten Umfeld und dies fällt jedem
schwer, solange nicht schon eine substantielle Krise erkennbar ist, die jeden zum
Umdenken zwingt. Es liegt auf der Hand, dass man es in einem Unternehmen nicht
soweit kommen lassen sollte.

Man könnte jetzt zu dem Schluss neigen, dass ein Problem auf individueller
Ebene genau dort auch zu lösen sei, etwa über einen Austausch veränderungs-
unwilliger Charaktere. Dies mag im Einzelfall angeraten sein, löst aber selten das
wirkliche Problem, denn jeder kann unter bestimmten Umständen in Situationen
geraten, die sein/ihr Veränderungspotenzial überstrapazieren. Wir haben es nicht
mit einem grundsätzlich individuellen Defizit, sondern mit einem fast ausnehmend
situativ ausgelösten Problem zu tun, das sich je nach Sachlage unterschiedlich auf
den einzelnen Mitarbeiter auswirkt und diesen zu unterschiedlichsten Reaktionen
veranlasst. Somit liegt der Schlüssel zu erfolgreichem Change Management eher auf
der systemischen, organisatorischen Ebene, und es bleibt damit eine Kernaufgabe
der Unternehmensführung, Veränderungsmanagement möglichst professionell zu
betreiben. Als Führungskraft hat man die Verpflichtung, wie der Name schon
sagt, seine Mitarbeiter zu führen und gerade Veränderungsphasen fordern dies in
verstärktem Maße. Eine gute Führungskraft weiß um die Kernkompetenzen ihrer
Mitarbeiter, und es muss ihr gelingen, diese im neuen, sich verändernden Umfeld weiterhin ohne Produktivitätsverlust zur Geltung zu bringen. Grundsätzlich

begegnet man drei Charakteren. Zunächst gibt es Mitarbeiter, die jeder Veränderung grundsätzlich aufgeschlossen (aber nicht zwangsläufig unkritisch) gegenüberstehen.[2] Es gibt natürlich auch Mitarbeiter, die sich jeder Form von Veränderung geradezu dogmatisch verweigern. In solchen Fällen muss man, ungeachtet aller anderen Kompetenzen, eine Trennung in Erwägung ziehen. Die große Mehrzahl aller Mitarbeiter macht es der Führungskraft allerdings nicht so leicht. Sie will, aus einer anfänglichen Skepsis und vielfach begründeten Zweifeln heraus, für eine Veränderung gewonnen werden. Hat man diese Schwelle überschritten, so trägt und gestaltet gerade diese Gruppe die Veränderung mit, in der Regel sogar sehr aktiv. Change Management richtet sich im Regelfall an genau diese Mitarbeiter und hat Überzeugungsarbeit zu leisten, um in einer gemeinsamen Anstrengung eine Organisation oder ein Unternehmen weiterzuentwickeln. Gutes Veränderungsmanagement findet man, wenn Führungskräfte sich ihrer (humanen und letztlich auch sozialen) Verantwortung bewusst sind und ihre Mitarbeiter einbinden, oder diesen sogar im besten Fall die Führung eines Veränderungsprozesses überlassen. Wir werden später sehen, dass dies erhebliche Auswirkungen auf die Unternehmensproduktivität hat, damit also aus Sicht der Führungskräfte[3] sogar zentrale Bedeutung besitzt.

Angesichts der elementaren Bedeutung von Veränderungsprozessen verwundert es kaum, dass sich Begriffe wie „Change Leader" oder „Führungskraft mit Leidenschaft zur Veränderung" herausgebildet haben und, durchaus zu Recht, überwiegend positiv besetzt sind. In der exponierten Würdigung des Begriffes „Change" liegt, wenig überraschend, auch eine Gefahr des Missbrauchs und der einseitigen Überbetonung. Gerade schlechte Führungskräfte nutzen, in Abwesenheit anderer Qualitäten, Wandel zur Etablierung ihrer Position und zum Machterhalt. Change bleibt aus der Logik der Sache heraus zunächst immer diffus und eignet sich bestens dazu, eine Organisation in die argumentative Defensive zu bringen, indem man die Deutungshoheit für sich behält, Transparenz verhindert und letztlich konfrontativ agiert („ihr müsst den Wandel mehr begrüßen"). Ein ernstes Problem verkommt damit zur manipulativen Platitüde, die vielfach einfach nur verschleiert, dass die Führungskraft selbst nicht versteht, worum es im Kern bei der

---

[2] Was zunächst sehr begrüßenswert erscheint, birgt im Einzelfall in stabileren Phasen die Gefahr, dass die Offenheit und die Wandelfreudigkeit einem verlässlichen Arbeitsbeitrag im Wege stehen. Vermehrt findet man solche Charaktere in Unternehmenskulturen, in denen Change zum Selbstzweck mutiert und die Anbindung an die Strategie und die extern angestoßenen Fragen verliert.

[3] Um Missverständnissen vorzubeugen: Selbstverständlich hat auch der Mitarbeiter ein ausgeprägtes Interesse an Produktivität. Nichts ist schlimmer für sie bzw. ihn, als unproduktiv eingesetzt zu werden.

Veränderung geht, und in ihrer Hilflosigkeit gar nicht anders reagieren kann. Eine Frage nach Inhalten und Gründen für die Notwendigkeit einer Veränderung wirkt hier oft entlarvend. Oftmals gibt es auch Stabsstellen, die vielfach ihre Existenz gerade damit rechtfertigen, dass sie eine Change-Initiative nach der anderen über die Organisationen ausrollen, ohne auch nur die geringste Verbindung zu einer Geschäftssituation aufzeigen zu können.[4] Kurzum: Der Weg von gutem, richtig verstandenen Change Management zu schlechter Führungsarbeit ist ziemlich kurz. Es verwundert deshalb kaum, dass in der Regel viel zu viele unnötige Change-Projekte angestoßen werden, teils mit ausgeprägt negativen Folgen für Mitarbeiter, Organisation und Geschäft. Besonders oft begegnet man dieser Tendenz in den bereits vielfach gescholtenen, generalistisch geprägten Unternehmenskulturen, in denen, in Abwesenheit von Erfahrung und Kompetenz, ein verabsolutierend benutzter Change-Begriff der einzige Weg bleibt, mittels dessen sich eine Führungskraft positionieren kann. Hier verkommt der Weg zum Ziel und lässt dabei völlig außer Acht, dass jedes Veränderungsprojekt Ressourcen bindet. Wandel als Selbstzweck ohne tiefe inhaltliche Verbindung zu einer Unternehmenssituation zieht nichts anderes als Ressourcenverschwendung nach sich und lenkt eine Organisation von ihren eigentlichen Aufgaben zur Gestaltung eines möglichst erfolgreichen Geschäfts ab. Eine Diskussion hierzu findet sich weiter unten. Einer guten Führungskraft nötigen Veränderungsprojekte Respekt ab, da sie genau weiß, dass diese, um ein medizinisches Bild zu bemühen, einer Operation am offenen Herzen[5] ähneln. Sie hütet sich also davor, ohne Unterlass Veränderungen anzuzetteln, sondern konzentriert sich darauf, zentrale, extern motivierte, Probleme für das Unternehmen und seine Abläufe zu identifizieren und den zur Lösung erforderlichen Wandel (und nicht mehr) einzuleiten. Der erfahrene Manager weiß zudem nur zu genau, dass man bei jeder Veränderung einen Satz bisher weitgehend beherrschter, bekannter Probleme und Schwachpunkte gegen neue und unbekannte eintauscht, und agiert sehr bewusst selektiv und endzielorientiert. Change stellt somit allen Modeströmungen zum Trotz keinen Selbstzweck dar, sondern ergibt sich als Resultat eines bewussten Abwägungsprozesses von Aufwand und Ertrag. Erfordert das externe Umfeld die interne Veränderung, will sagen: Überwiegt die Gefahr für das Geschäft im Falle einer Verweigerung des Wandels das jeder Veränderung immanent innewohnende Risiko? Steht der angedachte Veränderungsprozess in engem Zusammenhang mit der Strategie und gerät deren Erfolg womöglich in

---

[4] Man ist fast geneigt in solchen Fällen das ultimative Change Management darin zu sehen, diese Stabsstellen abzuschaffen.

[5] D. h. einen hochkomplexen, handwerklich diffizilen Vorgang, der die Vitalfunktionen eines Organismus, im ungünstigsten Fall, vollständig zum Erliegen bringen kann.

Gefahr, wenn man keinen Wandel einleitet? Eine erfahrene und inhaltlich kompetente Unternehmensführung stellt sich diese und ähnliche Fragen, bevor sie Change-Projekte anstößt. Im Gegensatz dazu neigt weniger erfahrenes und inkompetentes Management dazu, eben in Unkenntnis und mangelnder Erfahrung mit einem spezifischen Geschäftsmodell, an allen Stellen Notwendigkeiten zur Veränderung zu sehen und ihre Organisationen permanent mit Wandel zu konfrontieren. Schließlich erfreut sich, siehe oben, der Change Leader größter Popularität in Managementkreisen und außerdem bietet permanente Veränderung auch stets eine gute Ausrede für mangelnden Erfolg. Dieser könne sich angesichts permanenter Veränderungsnöte nicht wie gewünscht einstellen. In Wahrheit begegnet man aber nur Inkompetenz, die sich hinter Wandel und Veränderung versteckt.

Man sollte sich allerdings davor hüten, ins andere Extrem zu verfallen, jeden Wandel kritisch zu sehen und daher zu vermeiden. Um es nochmals zu betonen, richtig vollzogenem Wandel und einer Kultur der Veränderungsfähigkeit kommt der Rang eines Wettbewerbsvorteils zu und beide bauen auf dem bereits erwähnten Abwägungsprozess auf, in dem selektiv und priorisiert die für das Geschäft wichtigen Änderungen eingeleitet werden. Dieser Vorgang basiert auf einer Sensibilisierung, die es erlaubt, den richtigen Zeitpunkt für Veränderungen zu bestimmen, also diese weder zu früh noch zu spät anzugehen. Eine reflektierte und selbstkritische kreative Unruhe zeichnet eine entsprechende Organisation aus. Wir kommen später darauf zurück. Gerne zitiert die Managementliteratur in diesem Zusammenhang Charles Darwin und dessen grundlegende Erkenntnisse im Kontext der Evolution, nach der „nicht die stärkste Spezies überlebt, sondern diejenige, die sich am besten an Veränderungen anpasst." Grundsätzlich mag dieser Vergleich stimmen, betont aber doch einen eher passiven und reaktiven Umgang mit Veränderungen. Im wirtschaftlichen Kontext droht bei einer solchen Haltung eine Situation, die eher dem Konzept des „Punctuated Equilibrium" gleichkommt, nach dem sich, ebenfalls im evolutionären Umfeld, eine Spezies einer schlagartigen Änderung (eben der „Durchlöcherung" des Status quo) stellen muss und diese meistern kann oder untergeht. Ein Veränderungsstau im wirtschaftlichen Zusammenhang führt in der Regel zu einer dem „Punctuated Equilibrium" ähnelnden Situation: Man kommt an einen Punkt, an dem man nicht mehr Herr des Verfahrens bleibt und vom Wandel überrollt wird, der zudem noch als Folge der Komplexität und Unvorherbestimmbarkeit unserer Umwelt aus einer unvorhersehbaren Richtung kommen wird. Zur Fähigkeit, notwendige Veränderungen zu antizipieren, muss sich also auch das Vermögen gesellen, Change schnell zu implementieren, um keinen Aufstau und dessen skizzierte Folgen zu riskieren. Selbstverständlich gibt es auch in seltenen Fällen, in vollster Analogie zum „Punctuated Equilibrium", Umwälzungen, die man nicht vorhersehen kann (z. B. Unternehmensübernahmen).

Grundsätzlich gilt auch hier: Eine Organisation muss in der Lage sein, durch gute Analyse und Extrapolation von Umgebungsbedingungen die Wahrscheinlichkeit für das Eintreten dieser Situation zu vermeiden und, falls dies nicht gelingt, trotzdem schnell und zielgerichtet zu reagieren.

Hier lohnt ein genauerer Blick auf die Veränderungen innewohnenden Organisationsdynamiken. Um dies zu unterstreichen: Lediglich 41 % aller Change-Management-Projekte führen überhaupt zum Erfolg [33]. Umgekehrt formuliert: 59 % dieser Projekte belasten Organisationen, ohne zum Ziel zu führen. Selbst wenn man alle Projekte abzieht, die man gar nicht hätte starten sollen (s. oben) und deren Versagen qua inhaltlicher Fehlausrichtung vorherbestimmt war, so bleiben immer ausreichend Initiativen übrig, die vornehmlich an einer Fehleinschätzung der Änderungsdynamik bzw. -psychologie und resultierend schlechter, unprofessioneller Durchführung scheitern. Die Literatur stellt eine Vielzahl von Modellen vor, von denen wir uns zwei genauer ansehen wollen, um wesentliche Forderungen und Implikationen für das Change Management hervorzuheben.

Ein gutes Maß für den Erfolg von Veränderungsgestaltung bildet die organisatorische Produktivität, schließlich hat im Sinne des Geschäfts sinnvoller Wandel zumindest einmal zu gewährleisten, dass der Output von Organisationen steigt oder mindestens einen Abfall zu vermeiden. Die nachstehenden Modelle betrachten den zeitlichen Verlauf der Produktivität im Rahmen von Veränderungsprozessen und geben wertvollen Aufschluss über die Reaktion von betroffenen Organisationen in entscheidenden Phasen dieses Prozesses.

Ein erstes, weit verbreitetes und oft zitiertes Modell stammt von Lewin [34], wurde 1963 publiziert und bildet immer noch einen Referenzpunkt für Change Management. Gemäß Abb. 8.1 geht Lewin von einer Organisation aus, die sich in einer Art Gleichgewicht befindet und in der sich feste Verhaltensmuster und -normen ausgebildet haben, auf deren Basis sich ein gewisses Produktivitätsniveau manifestiert hat. Bei Erkennen eines Veränderungsanlasses, zumeist ausgelöst durch einen ersten Produktivitätsabfall, entstehen interne Kräfte der Veränderung, die dazu führen, dass bestehende Verhaltensmuster aufbrechen und umformbar werden. Bis zur Etablierung neuer Muster durchlebt die Organisation einen Produktivitätsabfall in einer Phase des Übergangs, bevor dann eingeführte und im nächsten Schritt integrierte Neuerungen zu einem Wiederanstieg der Produktivität führen. Sofern der Veränderungsprozess erfolgreich war, liegt die neue resultierende Produktivität höher oder zumindest nicht unter dem Ausgangsniveau. Jeder schlussendlich resultierende Verlust an Produktivität muss als Scheitern der Veränderungsinitiative bewertet werden. Das Modell hebt zwei wesentliche Erkenntnisse hervor: Veränderungen können nur über zeitweilige Destabilisierung implementiert werden und dies erfordert eine gewisse Zeit [35].

Produktivität

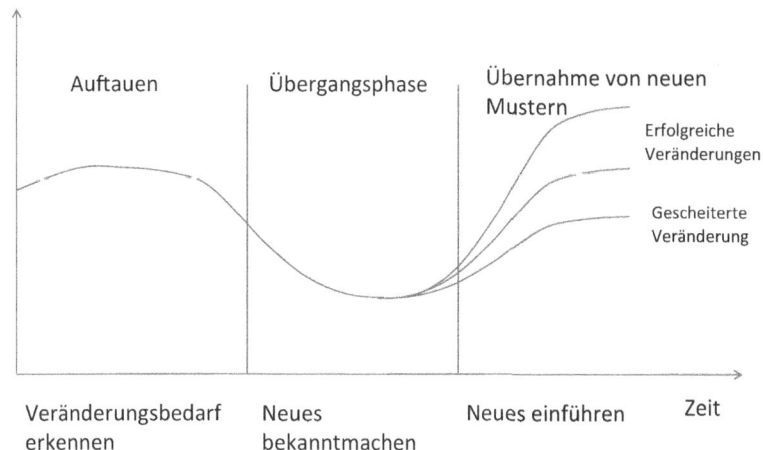

Abb. 8.1 Lewins Modell der Veränderungsdynamik

Lewins Modell beschreibt sehr einleuchtend und nachvollziehbar die Veränderungsdynamik, weist aber zwei Schwachpunkte auf, die gerade mit Blick auf die heutige Zeit seine Aussagekraft und Anwendbarkeit einschränken. Einmal nimmt Lewin an, dass die Einleitung der Veränderung auf dem höchsten Produktivitätsniveau erfolgt und dass dieses auch stabil vorliegt, zum andern suggeriert das Modell zumindest, dass genug Zeit vorliegt, um den gesamten beschriebenen Zyklus zu durchlaufen. Beides trifft in der heutigen Zeit bestenfalls nur noch bedingt zu. Die uns umgebende Komplexität lässt es nicht mehr zu, die Dynamik von singulären Veränderungsprozessen zu betrachten. Anlässe zum Wandel kommen einfach zu schnell. Nun könnte man verlangen, die Anzahl der Änderungsprojekte auf ein Maß zu reduzieren, das ausreichend Zeit zum Durchlaufen des von Lewin beschriebenen Zyklus zur Verfügung stellt, aber in der Regel hat man dies nur bedingt unter Kontrolle. Betrachten wir, was passiert, wenn in diesem Modell Änderungen zu schnell aufeinanderfolgen. In diesem Fall muss die nächste Änderung bereits in einer Phase initiiert werden, in der die Produktivität noch unter dem Ausgangswert liegt oder gar schon ihren Minimalwert erreicht hat. Somit überlagern sich die Effekte und die Produktivität nimmt infolge der zweiten Veränderung noch weiter ab. Man iteriert sich also fortlaufend in eine kontinuierlich abnehmende Produktivität (s. Abb. 8.2). Wie kann man sich aus diesem Teufelskreis befreien? Rein formal durch eine Beschleunigung des Veränderungsprozesses, die bewirkt, dass

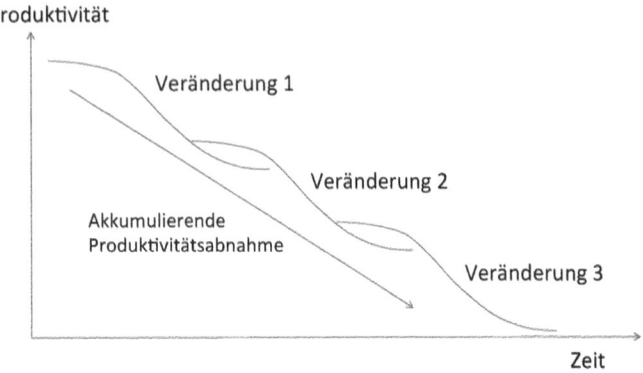

Abb. 8.2 Effekt schnell aufeinanderfolgender Veränderungen in Lewins Modell

Abb. 8.3 Reaktionen
und Haltungen im
Änderungszyklus

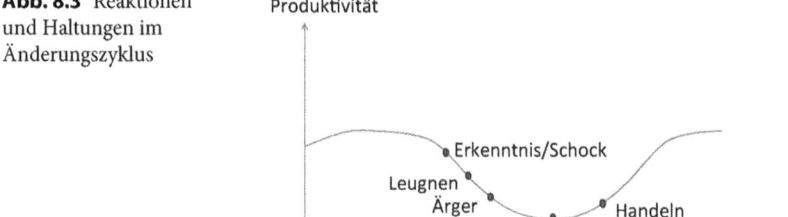

ein Prozess zum Abschluss kommt, bevor der nächste einsetzt. Dies erfordert
allerdings einen prinzipiell anderen Ansatz und einen anderen Blick auf die
Veränderungsdynamik und -psychologie.

Kordis und Lynch [36] haben dazu ein nach ihnen benanntes Modell eingeführt. Um ihren Ansatz zu illustrieren, betrachten wir zunächst einige Reaktionen
der menschlichen Psyche beim Durchlauf eines Veränderungszyklus nach Lewin
(s. Abb. 8.3)

Der in Abb. 8.3 gezeigte Ablauf ist typisch für jede fremdbestimmte Änderung.
Der Erkenntnis einer Notwendigkeit der Veränderung folgt ein Zyklus des Leug-
nens und des Ärgers, bevor, am Tiefpunkt der Produktivität angelangt, die Situation
akzeptiert wird und man auf dieser Basis eine Handlung einleitet. Man durchlei-
det gewissermaßen den Wandel und setzt sich dadurch dem fremden Einfluss voll

Produktivität

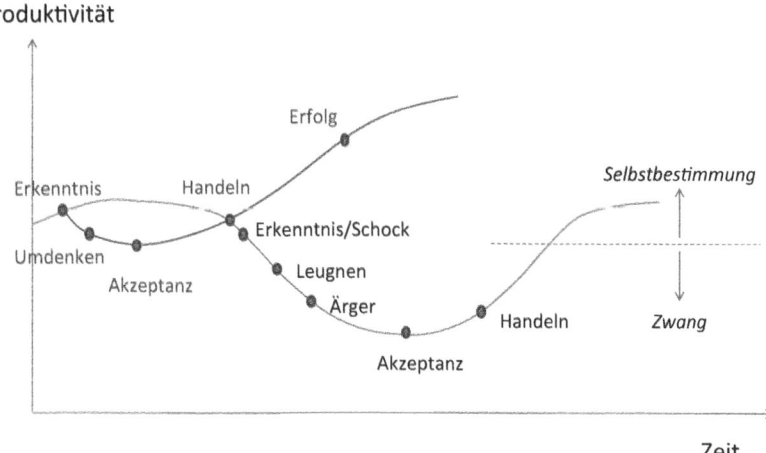

Abb. 8.4 Modell nach Kordis und Lynch

aus. Ein wesentlicher Schritt besteht demnach darin, sich von der Fremdbestimmung weitestgehend freizumachen, also selbstbestimmt zu agieren und das Heft des Handelns in die Hand zu nehmen.[6] Glücklicherweise besitzen nur die wenigsten Veränderungsprozesse eine Natur, die die Selbstbestimmung grundsätzlich ausschließt (z. B. Unternehmensübernahmen). Dinge geschehen zu lassen und passiv abzuwarten, birgt ein großes Risiko, die Dynamik aufdiktiert zu bekommen. Dies vermeidet man – und genau hierauf hebt das Modell von Kordis und Lynch ab – durch proaktives Handeln. Die bereits erwähnte kreative Unruhe und eine Bereitschaft, kontinuierlich externe Randbedingungen zu überprüfen sowie abzuschätzen, wohin diese sich entwickeln könnten, erlaubt frühzeitig Rückschlüsse für das eigene Handeln zu ziehen. Um wieder Wayne Gretzky zu zitieren: „Man muss dorthin fahren, wo der Puck sich befinden wird", um zu vermeiden, dass man ab einem gewissen Punkt der Realität hinterherläuft. Abbildung 8.4 zeigt diesen Ansatz.

Demnach startet die selbstbestimmte Veränderung schon zu einem Zeitpunkt, an dem sich noch nicht der volle Erfolg und die volle Produktivität eines vorangehenden Wandels eingestellt haben. Man hat also bereits in einer Phase des Aufschwungs einen Kurswechsel einzuleiten, sobald sich ein Anlass zur Verän-

---

[6] Mit Blick auf das Modell hieße dies, die auf die Erkenntnis folgenden Phasen bis zum Einsetzen des Handelns zu überspringen.

derung abzeichnet und sich aus der Analyse der Unternehmenssituation und des Unternehmensumfeldes andeutet. Dies kollidiert natürlich frontal mit dem aktuellen Bewusstsein der Organisation, die sich mental noch in der Phase des Aufschwungs befindet und demgemäß dem Wunsch nach neuer Veränderung mit teilweise heftigem Widerstand begegnen kann, ausgedrückt durch Reaktionen wie „es läuft doch alles gut, warum jetzt wieder etwas ändern". Hier schließt sich der Kreis: Die bereits erwähnte kreative Unruhe arbeitet genau diesem Gefühl der Selbstzufriedenheit entgegen und bereitet den Boden für eine Kultur des kontinuierlichen Hinterfragens des eigenen Tuns. Sie etabliert geistige Flexibilität und Bereitschaft, sich einem Wandel schon in einer noch hypothetischen und extrapolativen Phase ohne konkret sichtbaren und manifesten Anlass zu öffnen. Um es nochmals zu betonen: Der Ausgangspunkt für die Veränderung muss sich aus der Unternehmenssituation ableiten und nicht einem Change Management als Selbstzweck entspringen. Insofern ähnelt all dies dem Strategieprozess und es dürfte kaum verwundern, dass gutes Change Management und strategische Neuausrichtung Hand in Hand gehen und direkt aufeinander aufbauen. Auf die Einleitung von Veränderungen in einer vergleichsweise frühen Phase wirkt sich positiv aus, dass offensichtlich noch Produktivitätsreserven in der Organisation bestehen, die man für den Change-Prozess nutzen kann, und nicht etwa für die Weiterführung eines Vorgangs, von dem man bereits weiß, dass er absehbar ohnehin modifiziert werden muss. Gerade dieser Puffer verhindert ein übermäßiges Absinken der Produktivität vergleichbar zum fremdbestimmten Fall. Selbstverständlich wirken sich die Phasen von Erkenntnis, Umdenken und Akzeptanz produktivitätsmindernd aus, aber aufgrund der Selbstbestimmtheit des Vorganges vermeidet man Leugnung, Ärger und Schock. Genau deshalb verkürzt sich der Änderungsprozess auch zeitlich und erreicht so in der Kombination von verringertem Produktivitätsverlust und beschleunigtem Change-Vorgang eine Situation, die zum Umgang mit schneller aufeinanderfolgenden Veränderungen weitaus besser befähigt, die Auswirkungen in Abb. 8.2 vermeidet und somit schnell in das Stadium des Handels und der Produktivitätssteigerung übergeht.

Wie entwickelt man in einer Organisation eine Kultur der kreativen Unruhe, die sie befähigt, aus eigenem Antrieb Veränderungen zu suchen, diese als Chance zu verstehen und einen schmerzhaften fremdbestimmten Katharsiseffekt zu vermeiden? Es verhält sich nicht viel anders als im Innovationsprozess selbst: Man muss jeder Form von Überreglementierung durch Prozesse, die jedes Detail regeln, Einhalt gebieten und an deren Stelle Freiheit zum Regelbruch und Querdenken gewähren sowie an die Stelle von Bevormundung geistige Autonomie setzen, die Mitarbeiter gerade in die Lage versetzt, die Geschäftssituation auf Basis einer offen kommunizierten Strategie einzuschätzen und wertvolle Impulse zur

Lösung von Problemen zu geben. Konsequenterweise drückt sich dies auch in einem entsprechenden Führungsmodell aus, das einer unzeitgemäßen, autokratischen Top-Down-Haltung eine Absage erteilt und an deren Stelle Partizipation, Aufruf zur Risikobereitschaft, konstruktiven Dialog, offene Diskussionskultur, Vielfältigkeit und einen klaren Fokus auf intrinsische Mitarbeitermotivation setzt, basierend auf Transparenz und umfassendem Zugang zu relevanter Information.

All dies legt die Grundlage für ein erfolgreiches Change Management, reicht aber für sich genommen alleine noch nicht aus, um alle Zweifel, die aufseiten der Mitarbeiter noch weiterhin bestehen können, zu eliminieren. Noch immer hat man auch beim selbstbestimmten Wandel etablierte Denkweisen und Handlungsmuster umzukrempeln. Hier steht man keinem rein rational geprägten Phänomen gegenüber, das ausschließlich mit rein sachlich ausgerichteter Information zu bewältigen wäre. Letztendlich berührt jede Änderung das Selbstverständnis der ihr unterworfenen Menschen, und gerade dies trägt eine hochemotionale Komponente in sich, die man nicht ignorieren darf. Es verbietet sich auch, sachliche und emotionale Kommunikation zu vermischen und zum falschen Zeitpunkt zum Einsatz zu bringen. Gehen wir den konkreteren Ablauf eines Change-Management-Prozesses etwas detaillierter durch, um wichtige Kernelemente zu benennen und zu diskutieren. Der von John Kotter eingeführte achtstufige Prozess [37] dient hierbei als Leitfaden, der sich in der Praxis bewährt hat. Wie wir gesehen haben, beginnt jede Veränderung mit Erkenntnis der Notwendigkeit zum Wandel. Auch in einer Kultur der kreativen Unruhe gibt es immer Mitarbeiter, denen sich diese Notwendigkeit nicht von selbst erschließt. Mit Blick auf diese Personen muss man ein Gefühl der Dringlichkeit der angestrebten Veränderung erzeugen, um Überzeugungsarbeit leisten zu können. Als Basis hierzu dient die Analyse der Unternehmenssituation, die durch Befragungen der Mitarbeiter ergänzt werden kann, um auch frühzeitig deren Perspektive zu hören und zu berücksichtigen. Dieser integrative Prozess erlaubt es auf Grundlage offener und transparenter Kommunikation, einen gemeinsamen Weg von Management und Organisation zu beschreiten und eine unternehmensweite Sichtweise als Grundlage für weitere Handlungen und Schritte zu entwickeln, die in einem entsprechenden Dokument zusammengefasst werden sollte, das genau Hintergründe und Dringlichkeit der Veränderung beschreibt und das jedem Mitarbeiter als frei zugänglicher Referenzpunkt dienen kann. Man kann man hier nicht genug kommunizieren und sollte den Informationsstand nie über- und das Informationsbedürfnis der Mitarbeiter nie unterschätzen. Vom Aufbau her sollte die Information in der einleitenden Phase streng sachlich gehalten sein, ein zu hoher Grad an Emotionalität wirkt hier eher kontraproduktiv und kann bestehende irrationale Ängste noch verstärken, die dann dem Ziel Verständnis und Erkenntnis zu erreichen, entgegenarbeiten.

Im nächsten Schritt empfiehlt sich die Benennung eines Steuerungsteams, das gemeinsam mit interessierten und von der Notwendigkeit der Veränderung vollends überzeugten Vertretern („Change Agents") aus allen Hierarchiestufen der Organisation den Veränderungsprozess gestaltet und leitet. Auch hier steht wieder der integrative Charakter der Zusammenarbeit im Vordergrund: Managementvertreter und Mitarbeiter dürfen sich hier nicht auseinanderdividieren lassen und haben ein gemeinsames Ziel zum Wohle des Unternehmens zu verfolgen. Erste Aufgabe dieses Teams besteht darin, eine gemeinsame Vision für den Endzustand nach der Veränderung zu entwickeln. Auch hier empfiehlt es sich, in verstärktem Maße auf die Erfahrung und die Perspektive der gesamten Organisation zurückzugreifen und mit möglichst vielfältigem Gedankengut tragende Elemente einer inspirierenden Vision zu isolieren und dann weiter zu verarbeiten. Daran schließt sich die Kommunikation der Vision an die Organisation an. Diese bildet den zentralen Übergangspunkt aus der Phase der Erkenntnis zur Akzeptanz sowie der anschließenden Einleitung von Handlungsschritten. Jetzt müssen die Herzen der Mitarbeiter für diese neue Vision gewonnen werden. Demgemäß hat diese Kommunikation eine emotionale Bindung herzustellen (z. B. mittels Logos, Musik, emotional packenden Kernbotschaften). Bleibt man hier auf einer rein sachlichen Ebene, läuft man Gefahr, an angesichts in dieser Phase unweigerlich offen bleibender Fragen und resultierender Skepsis oder Bedenken zu scheitern. Emotionale Bindung und Euphorie überdecken eben oft inhaltlich motivierte Fragen und Zweifel. Man muss anstreben, eine Aufbruchsstimmung zu erzeugen, die angesichts der hohen emotionalen Attraktivität eines Endziels alle Zweifel hintenanstellt und geradezu zur Umsetzung drängt. In diesem Klima müssen dann Arbeitspakete definiert und unter breitester Beteiligung von Mitarbeitern mit entsprechendem Empowerment bearbeitet werden. Das Management sollte sich mehr und mehr auf eine moderierende Position zurücknehmen[7] und den organisatorischen Aufbruchskräften und der „Schwarmintelligenz" der Mitarbeiter vertrauen, um die Vision in die Realität umzusetzen. Weiterhin bleibt fortgesetzte Kommunikation über den Fortschritt auf den verschiedensten Arbeitsgebieten oberste Pflicht. Das Steuerungsteam hat die Verantwortung, dafür zu sorgen, dass Herz und Verstand der Mitarbeiter durch angemessene integrative Kommunikation auf allen Ebenen engagiert bleiben.

Eine entscheidende Rolle nehmen erste, wenn auch noch so kleine, Erfolge ein. Gerade durch diese zeichnet sich offen erkennbar eine Dynamik ab, dem Endziel

---

[7] Viele Manager fürchten in dieser Form, ihre Autorität aufs Spiel zu setzen. Die Realität ist eher umgekehrt: Ein Manager, der seiner Organisation Gestaltungsspielraum lässt, gewinnt an Authentizität und Autorität.

schrittweise näherzukommen. Genau aus diesem Grund sollte man diese Erfolge kommunizieren und feiern. Nichts motiviert mehr als Erfolg und nichts erzeugt besser weitere Veränderungsbereitschaft. Aber auch Rückschläge kann man verarbeiten, solange diese offen und ehrlich kommuniziert werden. Oftmals gibt es gerade wertvolle Hinweise zur Bewältigung aus dem Kreise der Mitarbeiter, die dann von Steuerungsteam und Management aufgegriffen werden können, um Hindernisse zu beseitigen und zu verhindern, dass der Veränderungsprozess zu weit zurückgeworfen wird. In dieser Form arbeitet man sich Schritt für Schritt gemeinsam an den Endzustand der Vision heran und erzeugt ein positives befeuerndes Momentum, das, begründet in der Aufbruchsstimmung und der geteilten Passion für ein Ziel, gestattet, den Veränderungsprozess mehr und mehr zu beschleunigen und gerade deshalb erfolgreich zu implementieren.

Was sich hier vermutlich sehr naheliegend und nachvollziehbar liest, birgt in der praktischen Umsetzung viele Fallgruben. Warum scheitern also 59 Prozent aller Change-Management-Projekte? Die dieser Zahl zugrundeliegende Studie [33] nennt einige Gründe. Nicht überraschend unterschätzt man gerne die Komplexität der Änderung von Denkweisen und Einstellungen und diesbezüglich vor allem den Aufwand auf der emotionalen Ebene. Viel zu oft bleibt das Management von Veränderungen ein kopfgesteuertes, intellektualisiertes Vorhaben, das durch seine Defizite auf der emotionalen Ebene und damit in seiner Gesamtheit scheitert. Eng verwandt hierzu treten auch Mängel im Bereich der Kommunikation und der Informationspolitik auf. In der Regel unterschätzt man den Informationsbedarf im Unternehmen gewaltig. In Wirklichkeit übersteigt dieser die Annahmen bei Weitem. Gleichfalls sollte eine balancierte Kommunikation erfolgen. Zu detaillierte Information läuft Gefahr, sich in Einzelheiten zu verlieren und deshalb die Belange der Mitarbeiter nicht ausreichend pointiert zu adressieren. Zu einfache und schlimmstenfalls sich in Gemeinplätzen ergehende Trivialkommunikation verliert die Mitarbeiter von vornherein und bewirkt, dass diese sich nicht richtig ernst genommen fühlen. Zu dieser Balancierung gesellt sich auch noch die anzustrebende Ausgewogenheit von faktischer und emotionaler Kommunikation, wie weiter oben schon besprochen.

Erhebliche Probleme treten im Veränderungsmanagement auf, sobald das Management nicht an einem Strang zieht und nach außen den Eindruck erweckt, das Ziel des Wandels hinter Partikularinteressen zurücktreten zu lassen. Change Management erfordert eine geschlossen agierende Führungsmannschaft, die es vermeidet, eventuell untereinander kontrovers diskutierte Themen nach außen als Zwiespalt sichtbar erscheinen zu lassen und auf diese Weise Mitarbeitern ein (berechtigtes) Alibi zu geben, sich der Veränderung zu verweigern. Die Geschlossenheit der Leitungsebene drückt sich auch darin aus, in ausreichender Zahl

Ressourcen für das Change-Management-Projekt zur Verfügung zu stellen. Wie wir gesehen haben, sinkt Produktivität im Rahmen von Veränderungen zunächst, was zwar eine bestehende Ressourcenknappheit verschärfen kann, aber niemals Anlass geben darf, die Unterstützung des Change Managements einzuschränken.

Oft hört man auch Klagen, dass das Scheitern von Veränderungsprojekten an mangelnder Motivation der Mitarbeiter liege. Gerade in solchen Aussagen (speziell, wenn sie vom Management kommen) erkennt man überdeutlich mangelndes Know-How im Change Management. Hierin liegt vermutlich die häufigst anzutreffende Ursache für ein Scheitern. Man unterschätzt, wie aufgeschlossen und engagiert Mitarbeiter für Veränderungen eintreten und diese proaktiv vorantreiben, sobald man sie inhaltlich einbindet und emotional für das Vorhaben gewinnt. In der richtigen Einbindung der Mitarbeiter liegt der Schlüssel zur erfolgreichen Veränderung. Ein gutes Management zeichnet sich dadurch aus, dass es als seine vorrangige Aufgabe versteht, Veränderungsbedarf zu identifizieren, die Mitarbeiter inhaltlich und emotional dafür zu begeistern und auf dieser Grundlage der Organisation so viel Vertrauen zu schenken und Autonomie zu gewähren, die Umsetzung weitgehend in die eigenen Hände zu nehmen. Nur in dieser Form entwickelt sich Change Management zu einem gemeinsamen Vorhaben und vermeidet, zu einer antiquierten, hierarchisch dominierten und vielfach abgelehnten und blockierten Zwangsmaßnahme zu degenerieren. Mitarbeiter zeigen an der Entwicklung eines Unternehmens und seinem Erfolg genauso viel Interesse wie das Management und sind bereit, ihren Teil dazu beizusteuern, solange man ihnen das in produktiver und konstruktiver Form ermöglicht. Erfolgreiches Change Management entsteht als Resultat vereinter Kräfte, Scheitern kann man immer auf das Versagen der Führungspersonen zurückführen.

Schlusswort

Überlegene Wertschöpfung für den Kunden auf Basis von Innovation formt schon heute den entscheidenden zentralen Wettbewerbsvorteil im wirtschaftlichen Umfeld, und es ist zu erwarten, dass ihre Bedeutung in der nahen Zukunft noch beträchtlich zunehmen dürfte. Die vielfach zu beobachtenden Defizite in der Schaffung einer Unternehmenskultur, die sich konsequent an Innovation und Wertschöpfung ausrichtet, sind daher besonders folgenschwer und gefährden letztlich den künftigen Erfolg vieler Unternehmen. Wir haben auf Basis unseres Modells ihre wesentlichen Bausteine identifiziert und deren zeitgemäße Interpretation und Implementierung diskutiert. Innovations- und Change Management und alle im Buch diskutierten tragenden Teilelemente dürfen hierbei keine vom Management verordneten „Top-Down"-Prozesse bilden. Beide können nur optimal gestaltet werden, indem man ein veraltetes, aber dennoch häufig anzutreffendes Verständnis von Führung, das auf der Zuweisung definierter Arbeitspakete ohne breiteres Verständnis von Strategie und Unternehmenszielen beruht, ablöst und dem Wissensarbeiter zeitgemäßer und zukünftiger Prägung individuelle Entfaltungsmöglichkeiten eröffnet. Man trifft den transparent informierten und nicht zuletzt dadurch intrinsisch motivierten **Mit**arbeiter leider noch viel zu selten an. Wie es die Vorsilbe „Mit-" schon betont, stehen Autonomie und Identifikation im Zentrum des notwendigen Wandels vieler Unternehmenskulturen. Bietet ein Management seinen Mitarbeitern die Möglichkeit zur Entfaltung ihrer Kompetenzen und zur Identifikation mit den Geschäftszielen, fordert diese sogar auch noch bewusst ein, wird es überproportional mit Kreativität, Passion und großem Einsatz für ein jetzt gemeinsames erstrebenswertes Ziel belohnt. Die selektive Arbeitszuweisung, versinnbildlicht im Wort „Abteilung" auftretend, hat sich ohne jeden Zweifel überlebt.

Vordergründig mag dies wie eine Schwächung der Position des Managements aussehen und von Vertretern einer veralteten Schule auch so empfunden werden. Das Gegenteil trifft jedoch zu: Die Führungskraft kann sich auf ihre eigentli-

D. Freund, *Wertschöpfende und innovationsorientierte Unternehmensführung*, DOI 10.1007/978-3-642-39918-3, © Springer-Verlag Berlin Heidelberg 2013

chen Aufgaben und Entscheidungen konzentrieren und der offene, konstruktive
Umgang mit den Mitarbeitern verleiht mehr Autorität und Authentizität als es
jeder „Command-and-Control"-Stil jemals könnte. Umgekehrt muss aber auch
vom Mitarbeiter eine aktivere Rolle verlangt werden, die darin besteht, Freiräu-
me einzufordern und dann auch zu nutzen, um eine belastbare Teamidentität
mit dem Management zu formen. Die Erfahrung zeigt, dass dadurch nicht zuletzt
gerade seine intrinsische Motivation wächst, was in erhöhter Zufriedenheit und
Sinnempfinden resultiert. Für Management und Mitarbeiter entsteht so eine „Win-
Win"-Situation, die alle belohnt und eine Grundlage für den zukünftigen Erfolg
des Unternehmens bildet. Mitarbeiter sind die ersten Unternehmenskunden! Eine
Kultur der Wertschöpfung und Innovation beginnt demnach folgerichtig intern
im Umgang mit dem Mitarbeiter und der Gestaltung der betrieblichen Abläufe
und ermöglicht erst auf dieser Basis die notwendige und überlegene Schaffung von
Kundennutzen, die eine erfolgreiche Unternehmensführung kennzeichnet.

Literatur

[1] „10 Thesen von Dieter Rams zu gutem Produktdesign," [Online]. Available: http://www.designwissen.net/seiten/10-thesen-von-dieter-rams-ueber-gutes-produkt-design.

[2] F. Malik, Gefährliche Managementwörter und warum man sie vermeiden sollte, Frankfurter Allgemeine Buch, 2005.

[3] F. Malik, Führen, Leisten, Leben: Wirksames Management für eine neue Zeit, Campus, 2006.

[4] R. A. Lutz, Car Guys vs. Bean Counters – the fight for the soul of American Business, Portfolio Hardcover, 2011.

[5] F. Malik, Strategie: Navigieren in der Komplexität der neuen Welt, Campus, 2011.

[6] D. Kahnemann, Schnelles Denken, langsames Denken, Siedler Verlag, 2012.

[7] D. Dörner, Die Logik des Misslingens: Strategisches Denken in komplexen Situationen, rororo, 2003.

[8] R. Rumelt, Good Strategy, bad strategy – and why it matters, Crown Business, 2011.

[9] K. A. Nordström und J. Ridderstrale, Funky Business forever: Mehr Spaß am Kapitalismus, Redline, 2008.

[10] A. Förster und P. Kreuz, Alles, außer gewöhnlich: Provokative Ideen für Manager, Märkte, Mitarbeiter, Campus, 2010.

[11] M. E. Porter, Competitive Strategy, Free Press, 1980.

[12] R. Verganti, Design-Driven Innovation: Changing the Rules of Competition by Radically Innovating What Things Mean, Harvard Business Review Press, 2009.

[13] G. Colvin, Talent is overrated: What really separates World-Class Performers from everybody else, Portfolio Trade, 2010.

[14] S. Rice, Still – die Bedeutung von Introvertierten in unserer Gesellschaft, Riemann, 2011.

[15] „http://www.vanityfair.com/business/2012/08/microsoft-lost-mojo-steve-ballmer, "[Online].

[16] G. Hamel, Das Ende des Managements: Unternehmensführung im 21. Jahrhundert, Econ, 2008.

[17] J. Morgan und J. K. Liker, The Toyota Product Development System: Integrating People, Process and Technology, Taylor & Francis Inc., 2006.

[18] A. Romberg, Schlank entwickeln, schnell am Markt: Wettbewerbsvorteile durch Lean Development, Log_x, 2010.

D. Freund, *Wertschöpfende und innovationsorientierte Unternehmensführung*,
DOI 10.1007/978-3-642-39918-3, © Springer-Verlag Berlin Heidelberg 2013

[19] D. Vahs, Organisation, Schäffer-Poeschel, 2009.

[20] Wikipedia, „Strategie," [Online]. Available: http://de.wikipedia.org/wiki/Strategie.

[21] A. Huber, „ Die Grundlage jeder Basis ist das Fundament," [Online]. Available: http://prof.beuth-hochschule.de/fileadmin/user/ahuber/Dokumente/Strategische_Planung_in_deutschen_Unternehmen.pdf.

[22] M. Porter, „What is Strategy," *Harvard Business Review,* November–December 1996.

[23] M. E. Porter, „The five competitive forces that shape strategy," *Harvard Business Review,* January 2008.

[24] J. Goodwin, *Private Kommunikation.*

[25] A. Buttler, *Private Kommunikation.*

[26] H. Strebel, Innovations- und Technologiemanagement, UTB, 2007.

[27] Wikipedia, „Wikipedia Innovationsmanagement," [Online]. Available: http://de.wikipedia.org/wiki/Innovationsmanagement.

[28] K. A. Zotter, „Modelle des Inovations- und Technologiemanagements," in *Innovations- und Technologiemanagement,* UTB, 2007.

[29] C. Christensen, The Innovator's Dilemma, Harper Business, 2011.

[30] W. Simon, Gabals großer Methodenkoffer: Managementtechniken, Gabal, 2005.

[31] Wikipedia, „Design Thinking", [Online]. Available: http://de.wikipedia.org/wiki/Design_Thinking.

[32] J. Elliot, The Steve Jobs Way – iLeadership for a new generation, Perseus Books, 2011.

[33] IBM, *Making Change work: Fortsetzung des Dialogs über das Unternehmen der Zukunft,* Stuttgart, 2008.

[34] K. Lewin, „Frontiers in Group Dynamics," *Human Relations,* Nr. 1, pp. 5-41, 1947.

[35] W. Schleuter und J. von Stosch, Die sieben Irrtümer des Change Managements und wie Sie sie vermeiden, Campus, 2009.

[36] D. Lynch und P. Kordis, Dephin-Strategien: Managementstrategien in chaotischen Systemen, Gilching, 1998.

[37] J. P. Kotter, What Leaders Really Do, Harvard Business Review Book, 1999.

[38] R. Sprenger, Gut aufgestellt – Fußballstrategien für Manager, Campus, 2010.

[39] F. Opitz, SPEED – Auf der Suche nach der verlorenen Zeit, Goldmann- Verlag, 2012.

[40] C. Losmann, Regisseur, *Work Hard – Play Hard.* [Film]. Indigo, 2011.

The manufacturer's authorised representative in the EU is Springer
Nature Customer Service Centre GmbH, Europaplatz 3, 69115 Heidelberg,
Germany. If you have any concerns regarding our products, please
contact ProductSafety@springernature.com

Printed and bound by CPI Group (UK) Ltd, Croydon, CR0 4YY
23/04/2026
02095636-0004